A Participação das Organizações Sindicais nos Colegiados de Órgãos Públicos

MÁRCIO FEREZIN CUSTODIO

Professor das disciplinas de Direito do Trabalho e Direito Processual do Trabalho da Universidade Presbiteriana Mackenzie. Mestre em Direito Político e Econômico pela Universidade Presbiteriana Mackenzie e Doutorando pela mesma Universidade.

A Participação das Organizações Sindicais nos Colegiados de Órgãos Públicos

LTr EDITORA LTDA.
© Todos os direitos reservados

Rua Jaguaribe, 571
CEP 01224-001
São Paulo, SP – Brasil
Fone: (11) 2167-1101
www.ltr.com.br

Produção Gráfica e Editoração Eletrônica: Peter Fritz Strotbek
Projeto de Capa: Fabio Giglio
Impressão: Paym Gráfica e Editora

LTr 5158.0
Setembro, 2014

Dados Internacionais de Catalogação na Publicação (CIP)
(Câmara Brasileira do Livro, SP, Brasil)

Custodio, Márcio Ferezin
   A participação das organizações sindicais nos colegiados de órgãos públicos / Márcio Ferezin Custodio. — São Paulo : LTr, 2014.

   Bibliografia.
   ISBN 978-85-361-3127-6

   1. Democracia 2. Participação política 3. Organizações sindicais — Participação 4. Sindicatos I. Título.

14-10070   CDU-331.105.441

Índice para catálogo sistemático:

1. Organizações sindicais : Direito   331.105.441

Aos sempre amados Alessandra, João e Artur.

Agradecimentos

Agradeço a Deus pela saúde e força ao longo dessa caminhada, tornando-a enriquecedora e, muito mais que isso: prazerosa.

Ao professor José Francisco Siqueira Neto, mestre, orientador, a minha gratidão.

Aos professores Patrícia Tuma Martins Bertolin e Jorge Pinheiro Castelo, pelos preciosos ensinamentos me auxiliando sobremaneira quando no desenvolvimento deste trabalho ou mesmo pelo contato diário.

À professora Susana Mesquita Barbosa diante da valiosa ajuda habitual.

Aos amigos Túlio Tayano Afonso e Rodrigo Casali, pelos incansáveis e diários "cafezinhos temáticos".

Sumário

Prefácio 13

Introdução 15

Capítulo 1 — A participação como fundamento de democracia 23
1.1. Democracia e participação. Peculiaridades 26
1.2. Democracia e suas modalidades 28
1.3. Direito da participação política 32

Capítulo 2 — A organização sindical brasileira. Breves apontamentos 36
2.1. A pirâmide sindical 38
2.2. Evolução constitucional e política da organização sindical 39
    2.2.1. As Centrais Sindicais e sua integração no ordenamento jurídico 48

Capítulo 3 — Organizações sindicais e participação 53
3.1. A necessária liberdade e autonomia sindicais 54
3.2. Concertação social e neocorporativismo. A participação dos sindicatos 57
    3.2.1. O caso espanhol 62
    3.2.2. O caso italiano 64

Capítulo 4 — A Constituição Federal de 1988 e A participação política das organizações sindicais 65
4.1. Assuntos sujeitos a discussão e deliberação 70
    4.1.1. Conselho Curador do Fundo de Garantia do Tempo de Serviço 72
    4.1.2. Conselho Deliberativo do Fundo de Amparo ao Trabalhador 73
    4.1.3. Conselho Nacional de Educação 73
    4.1.4. Conselho Nacional de Saúde 77
    4.1.5. Conselhos do Ministério da Previdência Social 80
4.2. Fórum Nacional da Previdência Social (da Reforma Previdenciária) 80
4.3. Fórum Nacional do Trabalho (da Reforma Sindical) 82
4.4. Pacto contra a crise econômica 83

4.5. O diálogo permanente: Governo e centrais sindicais 84
4.6. Conselhos Populares.. 86

Capítulo 5 — Conclusão... 89

Bibliografia.. 91

"A opinião pública é o tribunal onde se devem resolver as questões as mais importantes, as questões vitais que interessam ao Estado."

José de Alencar

Prefácio

A presente obra de Márcio Ferezin Custodio é de atualidade inquestionável. O livro disponibiliza ao leitor não só a questão técnica da organização sindical no Brasil e em outros países, especialmente Espanha e Itália que serviram de paradigma inicial para o sindicalismo nacional. A obra traz uma importante contribuição para a ciência jurídica sobre o papel dos sindicatos na construção e consolidação da democracia brasileira e ao desenvolvimento nacional.

A Constituição Federal de 1988 possui uma matriz democrática que envolve dois tipos de teorias democráticas: A Teoria Deliberativa e a Teoria Participativa. Especialmente a partir de 1988, os conselhos públicos ganharam especial destaque.

Nas esferas superiores de governo, os conselhos possuem características deliberativas. Os conselhos, compostos por representantes de categorias profissionais e econômicas, deliberam em nome da categoria que representam, normalmente com a participação do ente governamental.

Os conselhos nos níveis mais elevados da administração pública, em especial os conselhos federais, possuem como características a regulação de determinados setores da vida social, como acontece nas participações nos conselhos de educação e saúde, ou ainda, nas decisões sobre gestão, como acontece nos conselhos gestores como, por exemplo, o conselho gestor do FGTS.

A participação dos sindicatos nesses Conselhos e nos Fóruns da Reforma Previdenciária e Sindical é o objeto de estudo deste livro que vem em boa hora ao conhecimento do público.

O trabalho analisa pormenorizadamente os assuntos objeto de deliberação e, a participação sindical em cada conselho, evoluindo para o modelo de fóruns específicos até chegar aos canais de diálogo permanente entre Governo e sindicatos permitindo que estes atores sociais sejam ouvidos e contribuam para o debate público que todos os assuntos que o interessam.

A participação dos sindicatos nos fóruns e conselhos deliberativos de altos escalões, como demonstrado por Márcio Ferezin em seu trabalho, não afasta o trabalhador do processo, mas estimula a participação em seu sindicato, contribuindo com isso para fortalecimento da democracia.

Entretanto — adverte o autor —, para o exercício da participação política é necessário assegurar a liberdade sindical para que a atuação do sindicato junto aos órgãos (conselhos e fóruns) deliberativos seja efetivamente autêntica e produtiva.

Assim, independente do sistema sindical, é condição *sine qua non*, a existência de liberdade sindical.

O trabalho explora muito bem essas questões contidas no texto constitucional, estruturando um modelo democrático de participação e de fortalecimento da atuação organizada dos trabalhadores. Isso, sem necessitar de qualquer alteração legislativa. Apenas e tão somente cumprindo o que a Constituição Federal determinou (após uma deliberação que contou com a forte participação dos sindicatos).

Trata-se, em suma de uma obra muito oportuna e instigante, fruto do talento e da competência do seu Autor.

José Francisco Siqueira Neto

Introdução

A noção de democracia sempre perpassa que o poder, de uma forma ou de outra, advém da participação da sociedade. E este fenômeno, revelado em uma de suas variantes com a possibilidade da participação popular na tomada de decisões, principalmente junto ao poder constituído, pode ser concretizado absorvendo as mais diversas formas representativas nessa mesma sociedade.

Portanto, o fundamento do regime democrático adotado comumente pela maioria das nações, iniciando-se especialmente com as do Ocidente, pode ser encarado de várias formas se tomarmos como ponto de partida a relação entre o Governo e a sociedade civil com a qual se estabelece o poder político (socioeconômico, cultural...). Dispensável esclarecer que com o desenvolvimento das comunidades, a concepção do fenômeno da democracia atual, pós-moderna, difere muito daquele modelo adotado outrora no seu nascedouro pelos *clássicos*, especialmente em decorrência da evolução mais do que natural do que resultou a complexidade das sociedades contemporâneas. A partir de toda essa evolução é que a posição de um país dito democrático (conjugadamente também como "de direito") pode, portanto, se apresentar segundo as diversas formas imaginadas, estudadas e definidas pela ciência até então, principalmente se nos depararmos com a origem desse fenômeno até os dias atuais.

A se contar da divisão histórica e científica do fenômeno da democracia mundo afora, é que esse trabalho remete à possibilidade da participação efetiva (de modo eficiente) dos atores sociais — e ou seus representantes naturais — nas decisões de poder em nível de colaboração com o Estado, como forma de realização de uma dessas modalidades de democracia (participativa = semidireta).

Há, nesse contexto da democracia participativa, uma variação do significado da representação política dos indivíduos e da sociedade de forma universal, principalmente pela participação dos grupos sociais. No cenário político (econômico e social) de um país é inegável que a complexidade do fenômeno democrático, mais precisamente de seus modelos, encontra-se presente mesmo quando essa alternativa de divisão de poder se mostra prevista — formalmente — no correspondente ordenamento jurídico. De todo modo resulta como fator de suma importância nos respectivos destinos políticos desta ou daquela sociedade, seja pela maneira como interagem com o Estado (Governo), seja pelo próprio mérito das decisões deliberadas e tomadas.

Tendo ou não a previsão legal ou mesmo consentida do Estado dessa interlocução nos rumos do Poder com os grupos sociais, em especial por meio da atuação destes representantes dos cidadãos em determinados assuntos de interesse geral, pode-se dizer que institutos da cidadania e a realidade democrática caminham de forma compassada nas relações internas e até de soberania (como não poderia deixar de ser).

O fenômeno democrático ou, mais precisamente para o objeto deste estudo, da participação política de representantes da sociedade (civil) é tema de importância ímpar, e se desenvolveu ao longo da história da humanidade. Não se trata, como dito anteriormente, de fenômeno novo, ainda que sua evolução tenha ocorrido de forma bastante gradual no contexto histórico mundial, necessitando até do enfrentamento de guerras civis para que sua concretização dentro do cenário político da época fosse devidamente contemplada[1].

Inquestionavelmente que na história política mundial um dos fatores que impulsionaram o (res)surgimento da variante do fenômeno democrático teve como marco inicial a transição entre o absolutismo monárquico e o liberalismo econômico, inaugurado nos Estados Unidos da América e, principalmente e com substancial influência, refletido no cenário da Revolução Francesa.

Esses movimentos políticos-históricos se traduziram, *a priori*, dentre outras nuances, pela pouca interferência do Estado nas relações entre os particulares, com a finalidade de se trazer maiores equilíbrios a essas mesmas relações. Desde o último século essa característica marcante do liberalismo quase não mais se apresenta com a intensidade com a qual se instalou no mundo ocidental, necessitando, aqui e acolá, que o Estado assuma algumas posições perante a sociedade em função de um mundo que necessariamente se interage a partir de economias galopantes entre países desenvolvidos, em desenvolvimento e ditos subdesenvolvidos. Em contrapartida ao individualismo reinante a história política mundial acabou criando a figura do Estado de bem estar social (*Welfare State*), que dentro da promoção do "diálogo social", adota também a necessidade de maior interação com os grupos organizados da sociedade civil.

No seu particular, essa figura da participação política como uma dentre outras das formas de se realizar democracia e, igualmente inserida no contexto do "diálogo social", acaba por envolver o desenvolvimento das relações políticas entre a sociedade civil e o poder constituído, se consolidando, como um exemplo específico, na permitida intervenção dos mais diversos grupos sociais existentes nas questões afetas ao Estado, portanto, de interesse público.

No seio de uma comunidade política, mesmo que os sujeitos sociais se caracterizem como instituições autônomas e, no mais das vezes, atuando segundo as distintas ideologias que as recobrem, acabam naturalmente por se inter-relacionar para possibilitar o surgimento e a consolidação de novas formas de desenvolvimento de políticas públicas a nível de interação com o Estado, com especial finalidade de colocá-las em prática e justificar, em determinadas situações, o consenso e aceite da maior parte da sociedade (regra da maioria) para a tomada desta ou daquela decisão de política pública (econômica ou social).

---

(1) Os movimentos relativos à Revolução Francesa (com a Declaração dos Direitos do Homem e do Cidadão — 1789) e da Convenção de Filadélfia (1776) nos Estados Unidos, explica bastante essa passagem histórica.

Não raro o Estado plural (por sinal democrático e de direito) e que possibilita num primeiro momento a escolha dos seus mandatários pela sociedade organizada, a qual os legitima na condução do poder político, acaba por demandar uma maior participação e transparência no trato da *res* pública. De seu turno, o Estado, imbuído no espírito democrático e que na melhor das condições se garante mediante essa previsão constitucional de seu regime político (Estado constitucional), legitima igualmente os atores sociais à representação e depois à participação (ambas de natureza política) conjunta em determinados órgãos oficiais (públicos) para deliberarem e tratarem de alguns assuntos de interesse da coletividade como um todo.

O então Estado corporativista que sucumbiu diante do processo de superação ou mesmo de transformação das instituições da sociedade civil, ao buscar uma nova forma de governar, promovendo o diálogo social, veio adotar uma nova postura nas suas relações com a sociedade (neocorporativismo) quando permite a discussão (ainda que setorizada) de suas políticas de forma conjunta com os atores sociais. Essa política dita de "concertação social", refletida pela elaboração de pactos sociais apresentou alguns estágios marcantes para a concepção do atual regime de democracia que reina na maioria dos países e que, repita-se, em boa parte vem refletido nas respectivas Constituições, o que se justifica como forma de se garantir esse fenômeno de suma importância para a sociedade.

Por conta dessa conjunção política de divisão e distribuição do poder entre atores sociais e o Estado, ou seja, da importância que esse fenômeno representa na tomada de decisões e rumos do poder político[2], podemos admitir que a inserção dessa garantia da (representação e) participação (política) no bojo da Constituição mostra-se como imprescindível[3], justamente para se evitar que mandatários de plantão possam, a par de concepções exclusivistas, promovam ingerências nesse modelo, inclusive com o fim de suprimi-lo do contexto nacional respectivo.

É com esse fundamento de ordem política, econômica e social, dentre outros, dentro do Estado democrático e de direito[4], adotado no caso brasileiro, que somente a partir da integração ao Estatuto Político é que melhor se garante a perenidade e imutabilidade dessa condição democrática da participação da sociedade na tomada de decisões junto ao Estado e ao Governo, como já afirmado de forma generalizada pelo professor Konrad

---

(2) "É nesta altura que as instituições sociais se diferenciam para canalizar o poder de direção do grupo e se apresentam como instituições políticas. Por fim, a existência de um sistema de instituições políticas regendo as manifestações de poder de direção de uma sociedade faz dela uma 'sociedade política'". MOREIRA NETO, Diogo de Figueiredo. *Direito da Participação Política*. Fundamentos e técnicas constitucionais da democracia, p. 3.

(3) "(...) a legitimidade do ordenamento constitucional, cujo fim já não é, apenas, aquela segurança, de todo formal, senão também a justiça substantiva, a justiça material, a justiça que se distribui na sociedade, a justiça em sua dimensão igualitária; portanto, a justiça incorporadora de todas as gerações de 'direitos fundamentais' (...) até alcançar, com a democracia participativa, onde têm sede os direitos da quarta geração — sobretudo o direito à democracia — um paradigma de juridicidade compendiado na dignidade da pessoa humana". BONAVIDES, Paulo. *Teoria Constitucional da Democracia Participativa*. Por um Direito Constitucional de luta e resistência, por uma Nova Hermenêutica, por uma repolitização da legitimidade, p. 28.

(4) "O Estado de direito democrático visa a 'realização da democracia econômica, social e cultural e o aprofundamento da democracia participativa'." CANOTILHO, J. J. Gomes; MOREIRA, Vital. *Constituição da República Portuguesa Anotada*. vol. 1, p. 209.

Hesse[5], eis que consistente no espírito e vontade dos verdadeiros donos do poder. Essa menção da realidade de condição democrática no Texto constitucional assume uma regra prescritiva, não um limitador ou mesmo uma regra negativa ou proibitiva. Com efeito, acaba por impor que na expressão, bem como no sistema de se fazer política deste ou daquele país se observem regras ínsitas a uma ordem constitucional democrática.[6]

A organização da sociedade civil ou, melhor dizendo, dos mais distintos grupos sociais que lhes são afetos[7] — e a possibilidade de sua relação e participação nas decisões políticas (de poder), necessariamente com um Estado devidamente organizado a partir de uma ordem jurídica e democrática e respeitada pelo Governo[8] — é um fenômeno que somente pode ter alguma razão de ser, ou, então, possível a sua subsistência legítima e efetiva, em regimes minimamente democráticos. Não que em outro modelo de Administração essa forma de participação política seria inviável, inadmissível. Porém, a autonomia e legitimidade dessa atuação da sociedade civil, ou mais precisamente, dos atores sociais respectivos poderia se mostrar comprometida com os interesses dos representados. Deveras, nos regimes totalitários essa condição de participação não subsistiria, justamente em função da ausência de liberdade e autonomia dos sujeitos sociais perante o Estado e em função do renegado pluralismo político.

No Estado autoritário a liberdade e autonomia dos grupos sociais, quando permitidos, são ínfimas.

Em uma sociedade plural, todavia, a existência dos mais variados grupos sociais é uma questão indissociável da realidade política. Partidos políticos; igrejas; organizações

---

(5) "Mas, a força normativa da Constituição não reside, tão somente, na adaptação inteligente a uma dada realidade. A Constituição jurídica logra converter-se, ela mesma, em força ativa, que se assenta na natureza singular do presente (individuelle Beschaffenheit der Gegenwatt). Embora a Constituição não possa, por si só, realizar nada, ela pode impor tarefas. A Constituição transforma-se em força ativa se essas tarefas forem efetivamente realizadas, se existir a disposição de orientar a própria conduta segundo a ordem nela estabelecida, se, a despeito de todos os questionamentos e reservas provenientes dos juízos de conveniência, se puder identificar a vontade de concretizar essa ordem. Concluindo, pode-se afirmar que a Constituição converter-se-á em força ativa se fizerem-se presentes, na consciência geral — particularmente, na consciência dos principais responsáveis pela ordem constitucional —, não só a vontade de poder (Wille zur Macht), mas também a vontade de Constituição (Wille zur Verfasung)." HESSE, Konrad. *A Força Normativa da Constituição*, p. 19.

(6) MIRANDA, Jorge. *In: Formas e Sistemas de Governo*, p. 34-35.

(7) "(...) Pode-se dizer que a sociedade civil é o lugar onde surgem e se desenvolvem os conflitos econômicos, sociais, ideológicos, religiosos, que as instituições estatais têm o dever de resolver ou através da mediação ou através da repressão. Sujeitos desses conflitos e portanto da sociedade civil exatamente enquanto contraposta ao Estado são as classes sociais, ou mais amplamente os grupos, os movimentos, as associações, as organizações que as representam ou se declaram seus representantes; ao lado das organizações de classe, os grupos de interesse, as associações de vários gêneros com fins sociais, e indiretamente políticos, os movimentos de emancipação de grupos étnicos, de defesa dos direitos civis, de libertação da mulher, os movimentos jovens, etc." BOBBIO, Norberto. *Estado, Governo, Sociedade. Para uma teoria geral da política*, p. 35-36.

(8) "Um Governo é legítimo se for, efetivamente, órgão do Poder. Que significa isto? Significa que o Governo só é legítimo se for instrumento a serviço da ideia para cuja realização a coletividade se mantém unida. (...) O Governo é uma instituição. É um 'corpo', uma organização estruturada, uma entidade feita de órgãos. É uma instituição destinada a dirigir a coletividade. E o Governo legítimo é o Governo dotado de Poder. Em outras palavras: o Governo legítimo é o Governo formado em consonância com a ideia generalizada de ordem jurídica, de Bem-Comum, e cuja atuação tem por fim a realização prática dessa mesma ideia." TELLES JÚNIOR, Goffredo. *O Povo e o Poder:* todo poder emana do povo e em seu nome será exercido, p. 37-38.

não governamentais; organizações sindicais, dentre tantas, são grupos de destaque no cenário local. Discriminados ou não no cenário político pelos governantes de plantão, em regra a atuação de boa parte desses atores sempre se mostrou comprometida com os ideários de uma maior transparência e integração do Estado com a sociedade civil, defendendo interesses próprios do grupo ou mesmo da coletividade em geral, mas que de um modo ou de outro se confundem.

Quando visto não só pelo lado brasileiro, mas também pela história política das nações ocidentais, tem-se evidenciado que as organizações sindicais se transformaram ao longo do tempo em um dos mais importantes e influentes atores sociais (sejam elas de trabalhadores ou mesmo de empregadores)[9]. Inegável a notoriedade da relação do Estado com o sindicalismo, possuindo um estreito traço histórico político, originado não só de uma relação de confronto como, nos dias atuais, também de entendimentos e colaboração.

No processo histórico da política brasileira, todavia, a atuação das organizações sindicais como verdadeiro interlocutor e ator social não acompanhou o mesmo desenvolvimento de época das demais nações do mundo ocidental, onde o processo democrático se instaurou com maior celeridade. Nossa independência tardia; o processo lento de industrialização, a alternância no poder entre civis e militares; e a restrição da legislação quanto à criação, autonomia e atividades das organizações sindicais, como principais fatores, somente vieram a dificultar uma maior atuação política[10] destes órgãos classistas. Somente com a redemocratização do país inaugurada formalmente com a Constituição Federal de outubro de 1988 é que a efetiva atuação em regime de autonomia e liberdade organizacional e política dos sindicatos vieram a se concretizar minimamente.

Na atual Constituição Federal brasileira se encontram normas que garantem as mais variadas formas de realização do espírito democrático que embasa o país. Entretanto, a diretriz constitucional que nos interessa e sustenta este estudo está disciplinada no seu art. 10, quando garante expressamente aos representantes das forças produtivas da nação[11] o assento em colegiados de órgãos públicos, a fim de discutirem assuntos de interesse da coletividade[12], notadamente os de cunho previdenciário e profissional[13]. Esse enunciado constitucional, por certo, se instaura dentre os demais ditames constitucionais que exprimem o país democrático exteriorizado pelo Brasil.

---

(9) De todo modo, na atualidade, os sindicatos de um modo geral tem passado por uma crise de representatividade. No caso brasileiro, sobre o tema, ver: SIQUEIRA NETO, José Francisco. *In:* Liberdade Sindical no Brasil: desafios e possibilidades. *Revista do Tribunal Superior do Trabalho*, São Paulo, Lex Magister, ano 78, n. 2, p. 97-106, abr./jun. 2012.

(10) Ao nos referirmos a função política exercida pelos atores sociais e, principalmente, pelas organizações de sindicatos, englobam se todos os níveis de atuação, seja na área social, econômica, cultural e de poder.

(11) Entendendo-se como os representantes de trabalhadores e empresários.

(12) "Art. 10. É assegurada a participação dos trabalhadores e empregadores nos colegiados dos órgãos públicos em que seus interesses profissionais ou previdenciários sejam objeto de discussão e deliberação." (Constituição Federal de 1988).

(13) Os limites e a extensão desses objetos serão abordados em capítulo próprio.

Muito embora não especificado, na prática política a representação e participação da sociedade civil a que se destina indigitada norma e, recentemente, segundo a legislação própria sobre o tema, se concretiza pela participação das entidades sindicais de trabalhadores e empregadores em regime tripartite com o Estado. Dentre outros dispositivos, é o que retrata a legislação que "oficializou" as centrais sindicais em nosso sistema de relações coletivas.

Essa modalidade de representação e participação políticas das organizações sindicais se revela a partir de uma simples sondagem no aparato burocrático das instituições de cúpula do Estado — notadamente na esfera federal —, onde se encontram órgãos ministeriais e outras instituições a eles vinculados e que são criados para o desenvolvimento das políticas de ação estatal, segundo a competência que lhes corresponde. Por conta disso, evidentemente, congregam *conselhos/colegiados* com os mais variados objetivos e composições. Todavia, em outras pastas ministeriais distintas daquelas cujas atribuições, num primeiro olhar escapariam da norma constitucional prevista no art. 10 (assuntos de ordem profissional e previdenciária), demais representantes da sociedade também deliberam sobre alguns temas pontuais, como por exemplo junto aos *conselhos* vinculados aos Ministérios da Fazenda; do Meio Ambiente; da Saúde; Educação; etc.

Por essa análise fica nítido que os assuntos de que a participação nas decisões do poder entre o Estado e os atores sociais é por demais diverso. Essa a razão de concentrarmos o estudo somente na atuação e legitimidade das organizações sindicais junto aos órgãos estatais com os quais, por assim dizer, interagem.

O ponto fulcral de todo o embasamento jurídico-político de que se reveste este estudo parte originalmente (mas não única e especialmente) da norma contida logo no art. 1º da Constituição Federal, onde prescreve objetivamente que "todo o poder emana do povo, que o exerce por meio de representantes eleitos ou diretamente". Essa diretriz possibilita aos Poderes constituídos e a sociedade, conjuntamente, mas respeitando um certo grau de autonomia e participação, partilharem da responsabilidade na condução dos assuntos do país.

O que move primordialmente este estudo é a norma constitucional refletida no art. 10 do Texto Constitucional e que se refere à garantia de representação dos *trabalhadores* e *empregadores* em regime de colaboração com o Governo. Essa representação, agora em boa dose formalmente atribuída às organizações sindicais, se realiza principalmente pela indicação de cidadãos por meio das Confederações, quando se trata da representação de empregadores. Enquanto isso, no segmento profissional essa representação é conferida aos indivíduos indicados para a maioria dos colegiados pelas centrais sindicais. A legislação que viabilizou o reconhecimento e a criação das centrais sindicais no cenário brasileiro somente se destina ao segmento profissional, excluindo, por consenso dos grupos interessados, a sua vinculação ao setor econômico. A representação das sobreditas centrais sindicais não se dá de forma geral e preserva a respectiva representação clássica profissional, assim entendida aquela para negociar convenções e acordos coletivos com o setor patronal. A atribuição das centrais sindicais de trabalhadores precipuamente se volta à coordenação política das demais organizações que lhes são afetas, e o assentamento nos colegiados e conselhos de órgãos públicos como representante dos trabalhadores é o que igualmente revela a sua função e importância como ator social no desenvolvimento de determinadas políticas públicas de responsabilidade estatal. Importante esclarecer que a partir de agora o Estado somente fez por positivar um procedimento de organização política das organizações sindicais profissionais que na prática já vinha sendo observado há muito tempo, anteriormente à nova lei que trata da legalidade dessas centrais sindicais.

Isso quer dizer que, definitivamente, as centrais sindicais não integram o sistema confederativo sindical clássico, aquele moldado pelo antigo (e ainda mantido em algumas particularidades) sindicato corporativista, não podendo, portanto, representar a respectiva categoria profissional nos mesmos modelos concebidos para as organizações integrantes da pirâmide sindical.

A partir de então se pode imaginar que a norma do art. 10 da Constituição Federal passa a ter a aplicabilidade efetiva, sem qualquer possibilidade de se questionar quanto à necessidade de sua regulamentação por legislação infraconstitucional, em que pese os princípios norteadores da Constituição e a prática adotada pelo Governo até então em relação à participação política dos sindicatos nos colegiados de órgãos públicos. Nos dias atuais, talvez até por força da característica neocorporativista do Estado, os sindicatos possuem uma força política mais intensa nos assuntos de interesse do país. Atuam em várias frentes, como prepostos para a incrementação das políticas de trabalho e até nos conselhos de política monetária. Sua participação (política) junto ao poder constituído é mais que evidente.

Diante desse quadro é que este trabalho se debruçará. Uma abordagem acerca da representação e participação política das organizações sindicais em regime de colaboração com o Estado nos assuntos de interesse da sociedade como um todo, resultando em um dos mais variados instrumentos da democracia.

Nesse espectro a construção do estudo levará em conta inicialmente a especificação das modalidades de democracia no mundo pós-moderno. Quais as modalidades praticadas desde então e aquela adotada mais comumente pelo Brasil segundo a norma prevista no art. 10 da CF/88.

O sistema de representação sindical brasileiro, igualmente ganhando uma abordagem sucinta, será tratado levando em consideração os assuntos inerentes à constituição das organizações sindicais e a sua evolução jurídica e política no cenário nacional; a sua necessária autonomia em um regime democrático; a representação classista; e a nova modalidade de atuação dos sindicatos diante das exigências de um mundo globalizado, justamente para que se possa conferir acerca de sua legitimidade.

A partir desses detalhamentos parte-se da garantia constitucional dada pelo art. 10 com alguns exemplos dessa participação política junto aos órgãos estatais, tais como aqueles ínsitos ao Ministério do Trabalho e Emprego; Ministério da Previdência; Ministério da Saúde e da Educação. Dentro desse espectro os Conselhos Curadores do FGTS; FAT; INSS; e BNDES; além é claro de fazermos uma referência ao amplo diálogo nacional quando da implementação do Fórum da Reforma Sindical; do Fórum da Reforma Previdenciária, demonstrando, assim entendemos, a maneira democrática balizada pelo Estado nesses órgãos, em regime de participação com a sociedade civil organizada.

Ainda que não seja o âmbito da norma do art. 10 da Constituição, mas como exemplo de modelo de democracia participativa e governo neocorporativista, abordaremos rapidamente algumas atuações e resoluções do Fórum Permanente mantido entre o Governo Federal e as Centrais Sindicais.

Em virtude da problemática da conceituação oferecida, no desenvolvimento do trabalho adotaremos algumas terminologias específicas quando tratados determinados fenômenos ou instituições. Preferencialmente, ao se referir ao Estado, instruído e originado por uma Constituição escrita ou não[14], referimos ao Governo, às instituições pertencentes às esferas do poder estatal, os órgãos que dão sustentáculo para a existência diária e desenvolvimento regular daquelas instituições. Quanto à sociedade civil, procuramos nos ater somente aos grupos sociais nela existentes, mais precisamente em relação às organizações sindicais em virtude da delimitação do tema objeto deste estudo. E, ao nos atermos às organizações sindicais, como integrante do sistema de "atores sociais", queremos dizer num primeiro momento que se trata de toda aquela consolidada legalmente dentro do atual sistema sindical brasileiro, seja ele o confederativo (de representação classista) ou não (de representação e organização política), melhor dizendo: Centrais Sindicais; Confederações; Federações; e o próprio Sindicato de primeiro grau.

Dentro da regra da maioria vinculada ao espírito democrático e que se encontra implicitamente presente neste estudo, o que se propõe é tão somente uma reflexão acerca da legitimidade e importância da participação política e efetiva das organizações sindicais na tomada de deliberações e decisões em assuntos de interesse da sociedade, notadamente, por atuarem como um de seus representantes, realizando uma das formas de democracia, já que sob esse particular há uma verdadeira identidade e finalidade do art. 10 da CF/88.

---

(14) "(...) Não se fala mais em Estado, mas em sociedade, sistema político, governo, governança. O Estado só existiria enquanto constituído pela constituição. É impossível dissociar Estado e constituição. A constituição do Estado constitucional pressupõe um Estado já preexistente. Afinal, o Estado constitucional é um Estado, como ressalta Isensee. Não há, ainda, constituição sem Estado. O Estado constitucional conserva a estrutura básica do Estado monárquico que o antecede, acrescentando a legitimação democrática do poder político, com a soberania constituinte do povo. Segundo Otto Hintze, a relação entre forma de Estado e desenvolvimento constitucional não é um mecanismo inanimado, mas corresponde a uma série de forças vivas e movimentos sociais em ação constante. O processo de conformação de um Estado é dinâmico e favorece determinadas formas de estrutura constitucional de acordo com as forças sociais e históricas envolvidas. A constituição, na realidade, não estabelece um Estado, mas propõe a realização de um modelo de Estado. A soberania, inclusive, é a origem da constituição moderna, com sua pretensão de destacar um núcleo rígido e inalterável do poder político, contrapondo-se à noção tradicional de constituição mista predominante durante a Idade Média". BERCOVICI, Gilberto. *Soberania e Constituição:* para uma crítica do constitucionalismo, p. 18-19.

Capítulo 1
A Participação como Fundamento de Democracia

A noção de organização da sociedade e ou das instituições que lhes são afetas, possibilitando a sua relação e participação nas decisões políticas (de poder) com o Estado possui um histórico que ao primeiro olhar nos remonta à Grécia Antiga e em Roma, onde as deliberações e decisões eram tomadas diretamente pelos membros daquela comunidade (ainda que restrito a um seleto segmento da *polis,* já que somente os cidadãos livres podiam e tomavam parte nas decisões, excetuados escravos, mulheres, idosos). Muito tempo se passou a partir do exemplo grego e de Roma para que esse instituto da representação e participação popular, como um dos exemplos de realização da democracia, retomasse a vida política. Conflitos internos tiveram de ser travados para que os direitos civis pudessem paulatinamente ser restabelecidos, a partir do ideário da necessidade de se impor os direitos civis e políticos dos cidadãos sob a guarda jurídica, tendo sua gênese no mundo ocidental preliminarmente com a Convenção de Filadélfia nos Estados Unidos (1776); e depois, com maior destaque para a Revolução Francesa, que culminou com a Declaração dos Direitos do Homem e do Cidadão em 1789.

Esse documento político teve como uma de suas consequências o rompimento com o absolutismo estatal, atribuindo direitos ao "homem" individualmente considerado, sepultando a particularidade de um ordenamento jurídico independente da vontade humana, e empregando o ideário da *liberdade, igualdade* e *fraternidade*[15]. O Estado, portanto, teve de ceder o lugar do *absolutismo* de outrora, que sucumbiu ao liberalismo político, marcando assim as primeiras linhas da liberdade dos indivíduos perante o Estado, inclusive com garantias em sua condição social. Questões relativas à igualdade de direitos entre os cidadãos (art. 1º); um arremedo de Estado voltado para a legalidade formal (art. 5º); a representação e participação políticas (art. 6º); direito de defesa e do contraditório (arts. 8º e 9º); um mínimo de liberdade de expressão (art. 10); prestação de contas do agente público aos cidadãos (art. 15); uma sociedade balizada por um Estado constitucional (art. 16); dentre outros, deram a tônica da maioria das Constituições que se tem notícia no mundo atual. A noção de democracia ganhava a partir de então novos contornos.

---

(15) "O Estado não é mais o rei. É o povo no parlamento, é a busca de uma finalidade comum. O Estado, que era 'tudo , inclusive absoluto, passa a ser mínimo — aquele que, exceto em campos bem determinados — poder de polícia e atividades que não eram lucrativas para a iniciativa privada — não interfere na esfera dos indivíduos (princípio liberal)." SCHIER, Adriana da Costa Ricardo. *A Participação Popular na Administração Pública:* o Direito de Reclamação, p. 36-37.

Nunca podemos nos esquecer a respeito da noção primária de democracia dada então pelo ex-presidente americano Lincoln em 1863, ao anunciar que: *"democracia é o governo do povo, para o povo e pelo povo"* (talvez não nessa ordem necessariamente). Nessa diretriz de Lincoln, o fenômeno da *democracia* veio sendo desenvolvido das mais variadas formas, contudo, sem perder o seu núcleo e direção em sentido da participação da sociedade civil quanto ao que lhe diz respeito, tornando se o regime de Governo mais presente em países minimamente politizados.

Quando, entretanto, nos reportamos à democracia, tem-se por obrigatória a divisão de cunho histórico e conceitual sobre o tema e suas especificidades. Refere-se aqui, sobretudo, à distinção entre a democracia entendida pelos "antigos" e a democracia dos "modernos" (ou pós-modernos). Essa diferenciação de concepção e procedimento ocorre porque na Grécia antiga, berço desse instituto, a efetivação da democracia se verificava pela participação direta dos cidadãos nas decisões políticas de interesse do todo (a participação era direta); ao passo que atualmente, esse procedimento se torna quase que impossível, diante das características territoriais de cada Estado, valendo-se a sociedade da representação (semidireta) na tomada de decisões em assuntos de interesse geral. Não custa lembrar que a ideia de democracia tal qual a concebemos atualmente foi marcantemente construída a partir da Revolução Francesa, quando naquele momento político possuía aspectos e até necessidades muito distantes do conceito atual. Balizava-se extremamente, dentre outras circunstâncias, sobre a ordem política, sem se ater às questões econômicas e de previdência social. A participação no governo era dada exclusivamente aos cidadãos, com cunho individualista (indivíduos considerados isoladamente como titulares de direitos políticos) sem qualquer reconhecimento dos corpos intermediários. Possuía, outrossim, uma filosofia espiritualista (aceitação de ideários morais, amor à justiça, fé política) e igualitária, onde todos os indivíduos, por serem homens, percebiam os mesmos direitos políticos.[16]

No final do século XIX e meados do século XX novas demandas da sociedade ganharam força no cenário político das nações, principalmente nos Estados Unidos e na Europa Ocidental. O liberalismo político e econômico de então pautado não em um Estado mínimo, mas intervencionista a favor de se fazer cumprir com qualquer ajuste, independentemente da ética, justiça e resultado final desse mesmo ajuste[17], já não mais atendia aos anseios de toda a comunidade, resultando em privilégios à burguesia (aos poderosos) e no mesmo compasso a penúria da classe trabalhadora. A preocupação com a *Questão Social* estava instalada, sendo entendimento corrente a necessidade de aproximação do proletariado com o Estado burguês e as demais classes dominantes[18].

O movimento das instituições da sociedade e, em especial, da classe operária principalmente a partir do final do século XIX — cuja importância foi vital para o surgimento

---

(16) AZAMBUJA, Darcy. Apud Barthélomy et Duez. *Introdução à Ciência Política*, p. 213.

(17) CASTELO, Jorge Pinheiro. *O Direito Material e Processual do Trabalho e a Pós Modernidade*. A CLT, o CDC e as repercussões do Novo Código Civil, p. 39-40.

(18) FERREIRA FILHO, Manoel Gonçalves. *In: Direitos Humanos Fundamentais*, p. 41-47.

da atual concorrência do Estado Social em relação ao Liberal, diante de suas manifestações —, acabou por dar uma nova dimensão à concepção de democracia. Os direitos econômicos e sociais foram consagrados e pouco a pouco incorporados aos Estatutos Políticos, como exemplo na Constituição Francesa de 1848; Constituição Mexicana de 1917; Declaração dos Direitos do Povo Trabalhador e Explorado da Rússia em janeiro de 1918; a Constituição de Weimar e o Tratado de Versalhes, ambos de 1919.

A relativização do indivíduo e sua posição perante a sociedade se constituiu um diferencial ao se tratar da democracia. A progressão dos respectivos conceitos a partir da Revolução Francesa (do Estado Liberal) aos auspícios do século XX (notadamente a partir do Segundo Pós Guerra) compreende a distinção do sentido da expressão individualismo. Norberto Bobbio[19] bem explica essa diferenciação:

> Há individualismo e individualismo. Há o individualismo da tradição liberal-libertária e o individualismo da tradição democrática. O primeiro arranca o indivíduo do corpo orgânico da sociedade e o faz viver fora do regaço materno, lançando-o ao mundo desconhecido e cheio de perigos da luta pela sobrevivência, onde cada um deve cuidar de si mesmo, em uma luta perpétua, exemplificada pelo *hobbesiano bellum omnium contra omnes*. O segundo agrupa-o a outros indivíduos semelhantes a ele, que considera seus semelhantes, para que da sua união a sociedade venha a recompor-se não mais como um todo orgânico do qual saiu, mas como uma associação de indivíduos livres. O primeiro reivindica a liberdade do indivíduo em relação à sociedade. O segundo reconcilia-o com a sociedade fazendo da sociedade o resultado de um livre acordo entre indivíduos inteligentes. O primeiro faz do indivíduo um protagonista absoluto, fora de qualquer vínculo social. O segundo faz dele o protagonista de uma nova sociedade que surge das cinzas da sociedade antiga, na qual as decisões coletivas são tomadas pelos próprios indivíduos ou por seus representantes.

Pelo que se infere, não só pela liberdade, mas a ideia de união e associação, vinculadas à regra da maioria encontram-se intimamente ligadas ao fenômeno democrático nos dias que se seguem.

Desde então e até os dias atuais essa maior necessidade e intensidade de interlocução entre o Estado e a sociedade civil, relativizando e distribuindo de certa forma o poder político é que dá o tom a essa nova ideia de democracia filiada a este trabalho[20]. A forma de participação, principalmente quando engendrada pelos grupos sociais como nos dias de hoje, ganha relevo no contexto político de um país.

---

(19) BOBBIO, Norberto. In: *Teoria Geral da Política e as Lições dos Clássicos*, p. 381-382.

(20) "Assim é que a democracia, aqui, deixa de ser abordada como fenômeno relacionado exclusivamente com as instituições políticas e passa para o terreno das formas de ação social que lhe garantiriam tal condição ao longo de um processo de modernização societária. (...). A adoção da concepção societária de democratização, pois, leva em consideração processos de limitação do Estado e do mercado identificados com o surgimento da cidadania e permite conectar a democracia, enquanto prática societária, com o horizonte político dos atores partícipes do processo de democratização". LEAL, Rogério Gesta. *Estado, Administração Pública e Sociedade — novos paradigmas*, p. 149.

1.1. Democracia e participação. Peculiaridades

Quando se trata de abordar esse ou aquele fenômeno dificilmente seria deixado de lado o processo de sua conceituação. A formulação de conceitos, em especial quando tratamos da democracia ou mesmo da representação e da participação que lhe é peculiar, é por demais complexa principalmente se aplicarmos a ideia de que esse entendimento se altera conforme as exigências e a cultura de uma comunidade através dos tempos. De certo modo não podemos tratar da representação e participação sem falar da noção política da democracia e vice-versa. Esses institutos se encontram intimamente ligados e por vezes se complementam, o que dificulta ainda mais essa inserção.

O entendimento consagrado na Grécia e Roma a respeito da participação dos indivíduos em assuntos de interesse da coletividade, como um primeiro estágio da concepção democrática, não mais se insere no contexto atual. A diversidade da sociedade pós-moderna trouxe novos eixos ao significado e percepção de democracia. Justamente por isso que, muitos autores ao invés de conceituar a democracia preferem apresentar suas novas tendências. De certa forma essas abordagens já facilitariam nosso caminho de compreensão desse instituto político e jurídico. Político, por voltar-se também a questões afetas aos interesses econômicos e sociais do indivíduo e da sociedade. Jurídico porque na maioria dos países, sendo atrelados ao liberalismo ou socialismo, o enfoque ganha relevo nas correspondentes Constituições ou mesmo então nos códigos legais.

Diferentemente da concepção liberal instaurada no final do século XVIII, ao tratar do tema da democracia na atualidade se reclama a interferência estatal especialmente em assuntos de ordem econômica e social. O espectro deve ser tanto visualizado pelo lado político, como também pelo social. O cenário político e jurídico acabou sofrendo radical transformação, o que acabou por levar a uma nova reestruturação do modelo capitalista, levando a tona o Estado Providência ou de Bem-Estar Social[21].

A democracia, portanto, não mais se resume ao indivíduo assim considerado. O reconhecimento pelo Estado da necessidade de integração política, social, e econômica dos atores sociais em que o indivíduo se insere, estimulando e protegendo essas associações (inclusive com previsão constitucional), atribuindo-lhes participação em decisões junto ao poder e de interesse da coletividade[22], é que configura a conceituação minimamente adotada neste trabalho[23]. De mais a mais, os grupos sociais, desde então, atuam fortemente

---

(21) CASTELO, Jorge Pinheiro. Ob. cit., p. 47.

(22) AZAMBUJA, Darcy. Ibidem, p. 212-216.

(23) "Um governo ou uma sociedade pois, nos tempos modernos, está vinculado a um outro pressuposto que se apresenta como novo em face das Idades Antiga e Média, a saber: a própria ideia de democracia. Para ser democrático, pois, deve contar, a partir das relações de poder estendidas a todos os indivíduos, com um espaço político demarcado por regras e procedimentos claros, que efetivamente assegurem, de um lado, espaços de participação e interlocução com todos os interessados e alcançados pelas ações governamentais e, de outro lado, que assegure o atendimento às demandas públicas da maior parte da população, demarcadas por aquelas instâncias participativas, sejam elas oficiais ou espontâneas, fruto da organização de segmentos comunitários (estamos falando das Organizações Não Governamentais, das Associações Civis, dos Sindicatos, dos Conselhos Populares — municipais e estaduais, etc.)." LEAL, Rogério Gesta. Ibidem, p. 27.

em assuntos voltados aos mais diversos interesses e fins do Estado (econômico, social, e político), sejam esses atores coletivos reconhecidos ou não perante aquela nação.

É nessa seara que as organizações sindicais se inserem, num primeiro momento voltadas a defesa dos interesses do grupo; mas depois, ante as atuais exigências da sociedade, sempre atuando frente aos assuntos relativos à comunidade de forma geral. Essa vinculação direta ou não das ações das organizações sindicais em assuntos originalmente de Estado foi pontualmente explicitada pelo professor José Francisco Siqueira Neto[24], lecionando que:

> Desvincular a ação sindical da política é algo tão inútil quanto impossível. A essência do contrapoder coletivo dos trabalhadores é uma ação política, ação esta que os empregadores, em sentido contrário, também praticam cotidianamente. Inúmeros aspectos da relação de trabalho estão sujeitos a medidas legislativas e governamentais, que resultam de decisões políticas.

A concepção de democracia que ora se busca tratar diz respeito tanto pelo aspecto "econômico", quanto ao "social" e "cultural", cujo resultado desemboca em uma democracia política. Essa conjunção de fatores é que, por um lado, não nos permite formular um conceito pronto e acabado. Em contrapartida, nos lança os horizontes do fenômeno democrático, como bem enfatizado pelos renomados J. J. Canotilho e Vital Moreira[25].

O interessante nessa passagem é acentuar que a democracia seja praticada de forma salutar, legítima e com verdadeiro ar de representação da sociedade. Para que isso ocorra dois fenômenos se mostram ínsitos a esse instituto. Estamos falando tanto da *liberdade política* (que se divide em liberdade de expressão, de reunião, de associação, entre outros), e que se resume nas relações entre os particulares e o poder político (entre governantes e governados); bem como que a partir dessa mesma *liberdade política*, resulta naturalmente o fenômeno do *pluralismo político* (que engloba frentes de ordem econômica e social), caracterizando-se como outro ponto essencial para a concepção democrática, o qual se pauta pelo reconhecimento e existência de várias correntes políticas, calcadas nas mais diversas opiniões e ideologias[26].

---

(24) SIQUEIRA NETO, José Francisco. *In: Liberdade Sindical e Representação dos Trabalhadores nos Locais de Trabalho*, p. 100.

(25) "O conceito de democracia econômica, social e cultural (...) se traduz essencialmente na responsabilidade pública pela promoção do desenvolvimento econômico, social e cultural, na proteção dos direitos dos trabalhadores, na satisfação de níveis básicos de prestações sociais para todos, e na correção das desigualdades sociais. A *democracia econômica,* em particular, aponta (...) designadamente para os preceitos respeitantes à coexistencia de vários sectores de propriedade de meios de produção, à proteção especial do sector cooperativo e social, à participação das organizações representativas dos trabalhadores e das organizações representativas das actividades econômicas na definição dos principais métodos econômicos e sociais (...). A *democracia social*, por sua vez, parece ter a ver, sobretudo, com o acesso de todos, em igualdade, às prestações sociais, designadamente à saúde, à segurança social, à habitação. (...) A *democracia culural*, por último, tem expressão própria na democratização da educação e da cultura (...)" CANOTILHO, J. J. Gomes; MOREIRA, Vital. Ob. cit., p. 210.

(26) "Como qualquer liberdade, a liberdade política (...) destina-se à realização da pessoa. Todavia, por ter objecto ou por destinatário o poder político, mostra-se indissociável da participação política. Não há forma de governo favorável à liberdade que seja contrária à participação política dos cidadãos (mesmo se logo daí não tira o corolário do sufrágio universal); nem pode haver participação plena sem liberdade política. (...) A liberdade política conduz ao pluralismo.

Com o liberalismo político e o consequente pluralismo (político) nas vestes da sociedade, se poderia imaginar que os grupos sociais respectivos (partidos políticos, organizações sindicais, igreja, etc.) se instados a compartilhar ou mesmo colaborar com o Estado em decisões de cunho político (econômico e social), de certa forma deixariam de representar a totalidade dos interesses da comunidade, o que poderia se imaginar em ausência de legitimidade. O fato é que mesmo nas democracias mais avançadas (e desde a Grécia) não se exige o consenso absoluto como forma de salvaguarda dos interesses da sociedade, não desnaturando, ainda, qualquer legitimidade dessa decisão. Não há a necessidade do consenso absoluto, mas tão somente que a vontade da maioria prevaleça sobre a minoria. A obrigatoriedade de consenso absoluto não se justifica no contexto democrático poderia até deixar a questão política, econômica e ou social insustentável, inviabilizando o sistema de relações democráticas e, dando margem a uma possível intervenção totalitária do Estado.

A democracia deve seguir inicialmente essas condições que são indispensáveis à sua caracterização e concretização em benefício de toda a sociedade calcada no bem estar de todos, visto que sua dimensão extrapola uma simples ordem de conceitos.[27]

1.2. Democracia e suas modalidades

Haja vista os limites do trabalho e, por conseguinte, sem qualquer pretensão de esgotar o tema e as suas nuances, procura se identificar algumas modalidades do fenômeno democrático, até para que se possa contextualizar com os rumos deste estudo. Portanto, ao se reportar às suas tipologias e segundo Jorge Miranda[28] em estudo sobre o tema, identifica-se no âmbito democrático a *democracia direta; democracia representativa e semidireta* (esta onde alguns ainda aditam como *semirepresentativa); democracia censitária* (ou burguesa), e até em *democracia de massas*. Atualmente e mais comumente estudadas encontra-se a *democracia direta* (aquela dos gregos, de Roma, dos antigos e ainda atualmente praticadas em alguns cantões Suíços); e a *democracia representativa; semidireta*; e a *democracia participativa*[29].

Como se disse em outra passagem o objetivo do trabalho é outro e o tema comportaria um estudo específico. Calcado nesse limite adota se apenas o conceito dos exemplos mais tradicionais de democracia, ou seja, a *direta* (ainda que em menor parte); a *representativa* ou *semidireta*; e a *participativa*. Todas, independentemente do nível quantitativo e qualitativo em que se desenvolvem no mundo contemporâneo, identificam o espírito deste

---

(...) O pluralismo político, porque embasado na liberdade, envolve ou pode também envolver grupos, mas grupos de composição instável e variável: é apenas por perfilharem determinada corrente de opinião ou determinada ideologia que os cidadãos os integram e, a todo o instante, podem deixar de lhes pertencer." MIRANDA, Jorge. Ob. cit., p. 27-28.

(27) "A democracia pode ser em si uma questão de princípios em prática, através de regras e procedimentos específicos e detalhados, que muitas vezes surtem efeitos que ultrapassam em muito sua significação aparentemente microscópica." SCHMITTER, Philippe C.; O'DONNEL, Guillermo. *Transições do Regime Autoritário*, p. 28.

(28) MIRANDA, Jorge. *Ibidem*, p. 9.

(29) AZAMBUJA, Darcy. Ob. cit., p. 218-239; BONAVIDES, Paulo. Ob. cit., p. 25-64; MOREIRA NETO, Diogo de Figueiredo. Ob. cit. SCHIER, Adriana da Costa Ricardo. Ob. cit., p. 5-84.

ou daquele regime adotado pelo Estado, em geral *democrático e de direito,* e no qual se insere o Brasil.

A primeira modalidade da democracia pode seguramente ser atribuída à espécie "democracia direta". Foi esta o primeiro fenômeno político que originou toda uma concepção universal acerca do tema e, com o desenvolvimento da sociedade, das suas modalidades. Aristóteles, na Grécia (antiga), com seu estudo acerca das formas de governo, a sintetizou como a ideia do governo do povo pelo povo. Caracterizada pela participação direta e efetiva dos indivíduos (ainda que somente os livres, excluindo mulheres e escravos) nas decisões de interesse da coletividade como um todo, reunidos em assembleia para deliberar e decidir os assuntos de importância tanto para a cidade quanto para o governo. Portanto, a partir desse exemplo e transportando para os dias atuais, sua definição se consolidaria como a participação direta dos indivíduos nas decisões de cunho político (aqui entendido no seu sentido *lato*) de interesse da coletividade respectiva. Em questões de aplicabilidade no atual estágio do mundo globalizado sua incidência se encontra totalmente comprometida, diante das dimensões territoriais e populacionais de cada uma das nações. Destarte, somente se viabilizaria em locais de pouca densidade geográfica e populacional. Ainda hoje, com exemplo, em alguns cantões da Suíça essa forma de se realizar democracia ainda pode ser encontrada[30].

De fora parte, identificada num primeiro momento a partir da *Revolução Francesa* que veio a marcar a transição do absolutismo monárquico para o liberalismo econômico, a ideia de democracia desde então ganhou novos contornos. Em que se louve a espécie democrática "direta", o fato é que desde aquele marco histórico a democracia parte necessariamente de uma base "representativa". Melhor dizendo, onde o povo, ao tratar da coisa pública e dos interesses da sociedade e do Estado não o faz diretamente, mas por representantes eleitos pelo próprio povo. Pode-se dizer, assim, que a "democracia representativa" seria a forma pela qual o povo, representado pelos seus semelhantes e por aqueles devidamente eleitos, resolvem assuntos de natureza política, de interesse do governo e da sociedade. Essa modalidade, em especial, encontra-se aplicada na quase totalidade dos países ditos democráticos e se revela no meio mais próximo de concretização da função democrática em sociedades complexas como as de atualmente. Fernando Henrique Cardoso[31] contextualiza esse fenômeno relatando que a:

> ... democracia representativa é construção histórica relativamente recente, para a qual os *founding fathers* da nação norte-americana deram contribuição valiosa. A ideia de que indivíduos recebam um mandato em eleições livres para atuar em representação dos interesses da sociedade difunde-se no Ocidente a partir do século XVIII. Desde então, as instituições da democracia continuam essencialmente as mesmas, ao passo que, das sociedades comparativamente simples de então às complexas democracias de massa dos dias atuais, o mundo

---

(30) BOBBIO, Norberto. *Teoria...*, ob. cit., p. 416-474; MIRANDA, Jorge. *Ibidem*, p. 27-52.
(31) CARDOSO, Fernando Henrique. A Construção da Democracia. A revitalização da arte da política. *In: Democracia:* a grande revolução, p. 18.

se transformou radicalmente. O desafio é o de aperfeiçoar a democracia, de fazer seu *aggiornamento* de modo que o ideal democrático continue a prevalecer e as instituições nele inspiradas sejam eficazes.

O desenvolvimento dos estudos acerca do conceito e contornos da "democracia representativa" fez surgir uma outra modalidade concebida como "democracia semidireta". Esse instituto pode ser entendido quando se possa ou ao menos devam ser colhidas as manifestações que representem a vontade de pessoas ou então de entidades que, mesmo não integrantes do núcleo do Governo, são especialmente interessadas nas decisões a serem tomadas[32]. O governo semidireto se reveste de quatro formas que lhe dão sentido: o "referendo"; o "plebiscito"; o "veto popular"; e a "iniciativa popular".[33]

Resumidamente, o "referendo" se constitui em uma consulta popular onde as leis (todas ou algumas delas) após aprovação pelo Parlamento (no caso brasileiro o Congresso) somente terá vigência ou força de obediência após a concordância da sociedade, do seu corpo eleitoral, mediante convocação expressa. Neste caso em especial, a validade daquela regra legal somente terá validade após a anuência popular.

Em relação ao instituto do "plebiscito" a diferenciação em relação ao "referendo" se encontra justamente no poder de ingerência dos indivíduos, já que se trata de uma consulta a nível nacional. É a opinião do povo por meio de votação, acerca de assuntos de suma importância em nível político e/ou social. De maneira geral, plebiscito, no *"sentido que lhe empresta o Direito Constitucional, entende-se a aprovação ou desaprovação a ato do governo"*[34].

O veto popular *"pressupõe uma lei já feita pelo Parlamento e que a Constituição não obriga a ser referendada pelo povo. Se um número determinado de cidadãos pede seja ela submetida a referendum e o povo repudia a lei, tem-se o veto popular"*[35]. Com efeito, a distinção dessa espécie em relação ao "referendo" reside no fato de que pelo "veto" a lei somente será válida e terá plena vigência a partir do momento em que os indivíduos não vetarem-la expressamente; enquanto aquele a validade da lei parte inicialmente da vontade popular para sua confecção.

A "iniciativa popular" parte do pressuposto de que o Parlamento (ou o Congresso, mais formalmente no caso brasileiro) se vê obrigado à elaboração de determinada lei após o impulso dos indivíduos para que ela seja elaborada e aprovada. Parte literalmente da iniciativa de um número mínimo de eleitores, resultando a partir de então na obrigatoriedade do Parlamento em discutir e votar aquele desejo.

---

(32) MOREITA NETO, Diogo de Figueiredo. *Ibidem*, p. 36.
(33) Apesar de não se caracterizar de forma absoluta como um governo participativo (semidireto), a Constituição Federal de 1988 prevê, com exceção do veto popular, modalidades de democracia semidireta em seu art. 14, inserido no capítulo destinado *Dos Direitos Políticos*.
(34) SILVA, De Plácido e. *Vocabulário Jurídico*. vols. III e IV, p. 378.
(35) AZAMBUJA, Darcy. Ob. cit., p. 219.

Apesar de todas essas veias o modo mais expressivo de identificação da "democracia representativa" nas sociedades contemporâneas encontra sua maior evidência na representação da coletividade via partidos políticos, junto ao Parlamento. A toda evidência que nos países de democracia adiantada é, no Parlamento, por excelência o local em que se verifica a tentativa de construção dos consensos de cunho político. Justamente nesse ponto reside o maior dilema de sua consolidação ao passo que sofre seguidamente a crítica da sociedade, atribuindo principalmente ao ativismo político de parte dos deputados as mazelas do desenvolvimento político, econômico e social de um país (e o Brasil não foge à regra)[36].

Sabido que a "democracia representativa" teve seu ponto de partida em sociedades menores, onde o contato dos representados com os integrantes do parlamento era mais direto. Em uma democracia de massa esse contato se mostra deficiente, para não dizer quase inviável. Assim é que o julgamento do governo e principalmente do parlamento ocorre na atualidade no plano ético, imaginando que a atuação dos partidos políticos (via seus deputados) decorre de interesses da corporação e não da sociedade de maneira geral. As sociedades atuais deixaram de apresentar interesses homogêneos, o progresso da coletividade abrange objetivos dos mais variados, dentre eles a prevalência da qualidade de vida. Entrementes, se o parlamento não apresentar um mínimo de consenso em relação às demandas mais urgentes da sociedade, o instituto da "democracia representativa", dentro dessa especificidade, dificilmente ganhará a merecida densidade no tecido social[37].

Com as deficiências da "democracia representativa" — embora também necessária para o desenvolvimento racional das instituições políticas e sociais —, portanto, ganhou espaço a "democracia participativa", originada não só de uma nova concepção política dos indivíduos se posicionando perante o Estado de maneira mais contundente, mas principalmente a partir de uma nova dimensão das atuações dos grupos sociais no cenário político cujas atividades, dependendo do grau de inserção, voltam-se não só aos tradicionais interesses de ordem corporativa, mas também envolvendo toda a coletividade. Associações, igrejas, organizações não governamentais, novos partidos políticos, e principalmente as organizações sindicais, assumem papel de suma importância nesse novo cenário de democratização. A preocupação com a liberdade e o bem-estar da população e não exclusivamente do indivíduo, e os reais interesses da nação formam a nova agenda desses atores sociais perante o Estado. Para Nicola Abbagnano[38] a:

> ... experiência histórica do mundo moderno e contemporâneo mostrou que a liberdade e o bem estar dos cidadãos não dependem da forma de Governo, mas da participação que os Governos oferecem aos cidadãos na formação da vontade estatal e da presteza com que eles são capazes de modificar e de retificar suas diretrizes políticas e suas técnicas administrativas.

---

(36) "(...) ativismo político é a corruptela de atividade política, é o uso perverso das liberdades e dos institutos de democracia pluralista para reduzi-la a uma oligarquia voluntarista". MOREIRA NETO, Diogo de Figueiredo. *Ibidem*, p. 190.
(37) CARDOSO, Fernando Henrique. Ob. cit., p. 18-23.
(38) ABBAGNANO, Nicola. *Dicionário de Filosofia*, p. 487.

De Paulo Bonavides,[39] a "democracia participativa" parte de princípios bem delineados e se assegura quando visualizados no respectivo Texto constitucional. Segundo o constitucionalista seriam eles: o "princípio da dignidade da pessoa humana"; o "princípio da soberania popular"; o "princípio da soberania nacional"; e o "princípio da unidade da Constituição". Dentro dessa conjunção os justifica nas seguintes linhas:

> ... o princípio da dignidade da pessoa humana, fundamenta ele a totalidade dos direitos humanos positivados como direitos fundamentais no ordenamento jurídico-constitucional. (...) Por ele as Constituições da liberdade se guiam e se inspiram; é ele, em verdade, o espírito mesmo da Constituição, feita primacialmente para o homem e não por quem governa.
>
> É enfim, o valor dos valores na sociedade democrática e participativa.
>
> Já o princípio da soberania popular compreendia as regras básicas de governo e de organização estrutural do ordenamento jurídico, sendo, ao mesmo passo, fonte de todo o poder que legitima a autoridade e se exerce nos limites consensuais do contrato social. Encarna o princípio do governo democrático e soberano cujo sujeito e destinatário na concretude do sistema é o cidadão. (...) o princípio da soberania nacional com que se afirma de maneira imperativa e categórica a independência do Estado perante as demais organizações estatais referidas à esfera jurídica internacional.
>
> ... o princípio da unidade da Constituição se destaca por elemento hermenêutico de elucidação de cláusulas constitucionais. Compreende tanto a unidade lógica — hierarquia de normas oriundas da rigidez constitucional — como unidade axiológica — ponderação de valores, proveniente da necessidade de concretizar princípios insculpidos na Constituição."

Precisa a ponderação do ilustre constitucionalista, até porque essa base principiológica da "democracia participativa" somente conseguiria sobreviver em uma sociedade plural e aberta, inviabilizando desta feita que somente um determinado grupo, com interesses e ideologias específicas, se alternasse no poder.

A "democracia participativa", portanto, se revela não só pela participação (formal ou não) conjunta dos indivíduos com o Estado nas deliberações e decisões de assuntos de interesse geral (econômico, social cultural), mas também com a atuação conjunta ou separada dos mais representativos atores sociais nessa mesma ação juspolítica estatal. É, a rigor, um direito de natureza política.

1.3. Direito da participação política

Resultante da "democracia participativa", como se infere nas linhas passadas, o direito da participação política somente pode ser amplamente desenvolvido em sociedades com o espírito democrático minimamente avançado. Não que seja inviável em outros

---

(39) BONAVIDES, Paulo. Ob. cit., p. 11-12.

sistemas políticos, mas chega-se a essa simples conclusão porque em regimes totalitários e/ou autoritários a liberdade e autonomia dos aludidos partícipes estaria sobremaneira comprometida. A esse respeito Schmitter e O'Donnel[40] explicam que:

> A confiança e a disposição para pactar surgem por vezes, menos pronunciadas entre atores sociais (de classe e setores) que entre políticos. A capacidade dos negociadores de obterem a concordância subsequente dos seus representantes é problemática, no mínimo porque o regime autoritário pode ter reprimido sistematicamente os sindicatos e associações profissionais e pode ter manipulado as formas de expressão dos interesses empresariais. É problemático, além disso, porque as associações de interesses que emergem ou ressuscitam quando da liberalização provavelmente estarão altamente politizadas e fragmentadas ao longo de linhas ideológicas e territoriais. Se há uma lição a ser tirada dos esforços análogos feitos por democracias políticas consolidadas, deve ser que o sucesso destes pactos depende da presença de associações de classe altamente centralizadas que compartilham um alto grau de consenso com relação a objetivos macroeconômicos. Não é provável que se manifestem quaisquer dessas condições no decorrer das atuais transições a partir de um regime autoritário.

Não raro nos dias de hoje temos visto que governantes deste ou daquele Estado vêm a público pregando discursos aparentemente democráticos, conclamando o povo no apoio de suas medidas, quando, na prática, o que se observa, é quando do uso do palanque nada mais que fazem do que retórica. Reside aí um autoritarismo por trás da aparente democracia, o que inibe a participação imparcial dos atores sociais.

O objetivado direito da participação política se insere no contexto de países republicanos, plurais, onde a participação do indivíduo e dos atores sociais melhor se traduz com liberdade e autonomia. O liberalismo político que possibilitou essa nova concepção das sociedades políticas teve como um dos fios condutores a efetivação de direitos que protejam os indivíduos, e num segundo momento os atores sociais de atos indevidos, ou mesmo ilegais de responsabilidade do Estado, ou, ainda, por um terceiro a mando do ente estatal. Dentro dessa realidade de democratização da relação entre o Estado e grupos sociais, esse mesmo direito de participação se insere principalmente quando voltados a questões não só do nível de proteção da liberdade, como quanto à ameaça ou mesmo punição para manifestações contrárias à política estatal; à liberdade quanto à censura dos meios de comunicação; liberdade de associação; e a autonomia e liberdade das associações, sejam elas não governamentais, especiais, ou as organizações sindicais[41].

A correspondência desses direitos dos atores sociais se reforça ainda em nível mundial, eis que previstos nos mais variados documentos internacionais de aceitação pelos países democráticos ou de democracia duvidosa. A *Declaração Universal dos Direitos do Homem* aprovada na Assembleia Geral das Nações Unidas em 1948, logo após o

---
(40) SCHMITTER, Philippe C.; O'DONNEL, Guillermo. Ob. cit., p. 81.
(41) SCHMITTER, Philippe C.; O'DONNEL, Guillermo. *Ibidem*, p. 23.

segundo pós-guerra, abarca toda a espécie de direitos acima reportada. Os direitos de liberdade e de manifestação encontram-se previstos nos arts. II, 2; III; XII; XVIII; XIX. As liberdades relativas à associação estão especificadas nos arts. XX; XXIII, 4; e, ainda, o próprio direito de participação, que encontra substância nos arts. XXI, 1, 2, e 3; XXIX, 1, 2, e 3. A *Declaração* acabou dando substrato a tantos outros documentos internacionais que também acabam por fazer referência expressa a garantia desses direitos.

O direito de participação do qual se cuida não se trata de questão nova no meio jurídico e político, principalmente quando se trata da inserção das corporações em regime de colaboração e cooperação com o Estado, tendo nada mais nada menos à frente Hegel como seu primeiro grande defensor. Naquela época o filósofo advogava a necessidade de que a Administração (estatal) poderia se fazer atuar com melhor e maior efetividade (e eficiência) por meio de uma parceria com outras instituições (corporações). Justificava a necessidade de interação política dessas corporações com a Administração igualmente por se caracterizarem como órgãos que possuíam capacidade de proteger e assegurar a imensidade de fins e interesses particulares. Hegel, entretanto, complementava seu raciocínio no sentido de que esse direito de administração de interesses particulares pelas corporações somente poderia ser conferido (e limitado) pelos poderes públicos constituídos. Enfim, complementava acerca da importância e o papel que a corporação se revelava com os seguintes dizeres:

> Ao lado da família, a corporação constitui a segunda raiz moral do Estado, a que está implantada na sociedade civil. Contém a primeira os elementos de particularidade subjetiva e de universalidade objetiva numa unidade substancial; a segunda une interiormente esses momentos que tinham começado por ser divididos, na sociedade civil, em particularidades, refletidas sobre si, de carência e de prazer e em universalidade jurídica abstrata. Assim, nessa união, o bem-estar se realiza e é, ao mesmo tempo, reconhecido como direito"[42].

Desde os princípios de filosofia do direito de Hegel, portanto, já se sentia a necessidade de interação e participação dos (indivíduos e) grupos secundários em regime de colaboração e cooperação com o Estado. É esse sistema de compartilhamento do poder que dá a tônica do sentido do direito da participação política.

Nessa perspectiva e partindo da premissa que o direito de participação pode ser considerado como aquele que se revela na faculdade e possibilidade de intervenção (direta ou não) de maneira fiscalizatória, deliberativa ou consultiva dos atores sociais, e ou indivíduos nos temas de gestão do Estado, de pronto algumas características como a atuação e interesse político, bem como a capacidade dos participantes, se revelam como elementos que garantem sua legitimidade e perenidade no atual cenário das nações desenvolvidas.

A importância da participação política dos atores sociais ou mesmo dos indivíduos nas sociedades democráticas da atualidade pode ser sintetizada em poucas, porém,

---

(42) HEGEL, George Wilhelm Friederich. *Princípios da Filosofia do Direito*, p. 215.

justificadas linhas. Primeiramente, porque conduz a ideia de eficiência, ao passo que essa intermediação da sociedade civil propicia o aprimoramento da governança. Depois, porque possibilita maiores controles nos atos de gestão estatal, o que por si só revela sua legalidade. Ainda, em um contexto de justiça, garante com mais transparência que nenhum interesse envolvido foi preterido na consideração governamental para a tomada de decisões. E mais, pela participação, garante se no mais das vezes que pessoas qualificadas para este ou aquele assunto possam empreender decisões de maior conteúdo em parceria com o Estado, o que a legitima nessa modalidade de atuação. A cidadania, por seu turno, se encontra compassada com a participação política porque impõe aos grupos sociais ou então aos indivíduos a responsabilidade pelos seus atos.

Por isso tudo acaba por poder garantir que as decisões tomadas pelo Estado, nesse regime de colaboração com a sociedade, tenha maior aceitação, reduzindo assim o seu risco de descontentamento[43].

Por isso é que acerca da participação política nos dedicaremos à atuação dos atores sociais, em especial das organizações sindicais, pela sua importância histórica no contexto de lutas em defesa dos interesses políticos (aqui abrangidos aqueles de ordem econômica, social e cultural), que notoriamente guardam estreita relação com os interesses de toda a sociedade produtiva.

De tudo o quanto foi dito podemos afirmar que o direito de participação política consolida o princípio democrático, a partir do momento que propicia aos atores sociais e aos indivíduos a partilha na tomada de decisões de gestão estatal, de interesse de toda a sociedade, contribuindo na sua melhor forma com a realização do Estado Social. Dentro deste modelo de participação política, atenta se especialmente às organizações sindicais, em vista de sua histórica e importante atuação política nos rumos de um país, principalmente no caso Brasil. Como bem justifica Américo Plá Rodriguez[44]:

> "Per por encima de las modalidades y características proprias de cada país y momento, es claro que la vida sindical constituye un canal por donde se llega a la participación de la gente en la cosa pública. Es por tanto, uma manera de fortalecer, animar, promover la democracia".

Sendo o Brasil um país que constitucionalmente se assume como republicano e adotando o regime democrático, a participação política aqui retratada é que dá o tom às próximas páginas.

---

(43) MOREIRA NETO, Diogo de Figueiredo. *Ibidem*, p. 38-39.
(44) RODRIGUEZ, Américo Plá. Democracia Y Sindicatos. *In Direito e Processo do Trabalho:* estudos em homenagem a Octavio Bueno Magano, p. 189.

Capítulo 2
A Organização Sindical Brasileira

Com a união da classe operária, fomentada especialmente pela resistência não só aos empresários mas também pelos confrontos de toda ordem com os mandatários do Estado, contrários a ideia de organização da classe operária, surgiram originalmente os sindicatos, derivados historicamente no caso brasileiro das ligas operárias, uniões profissionais ou associações de resistência[45], organizados das mais diversas formas (categoria, ramo de atividade, pluralidade), de modo a se caracterizarem como fator de grandeza nos rumos políticos (econômicos e sociais principalmente) das nações do mundo contemporâneo.

Essas ditas corporações encontraram resistência já com a Revolução Francesa, onde o indivíduo foi colocado não à frente, mas o único que gozava do reconhecimento do Estado. A Inglaterra, com os *Trade Unions* inaugurara uma nova faceta da organização, que teve no seu nascedouro a vinculação ao proletariado. Desde então, caracterizada ainda pelas suas insurgências como forma de contra poder aos imaginados descaminhos da política geral do Estado, têm, a rigor, sua importância reconhecida pelas maiorias das nações como forte ator social[46], e o Brasil se encontra inserido dentro deste contexto, reconhecendo e protegendo, de certa forma, as organizações sindicais.

No caso brasileiro o movimento de surgimento das organizações sindicais apresentou um nítido descompasso histórico com o restante do mundo ocidental. Provavelmente a partir da industrialização tardia, somente com a imigração é que essas organizações tomaram corpo e espaço (ainda que modesto no seu nascimento) em nosso país. Mesmo assim, acabou sofrendo todo o tipo de intervenção estatal em sua organização e autonomia[47], o que perdura, ainda que com menor intensidade, nos dias atuais. O Brasil, nesse rumo, experimentando períodos de ditadura e repressão, porém com uma nova concepção dos indivíduos e principalmente da classe trabalhadora frente aos detentores

---

(45) BERTOLIN, Patrícia T. M.; OZÓRIO, Paula C. M.; DIAS, Vivan C. S. F. Análise do período 1930-1946: uma contribuição ao estudo da História dos Sindicatos e do Sindicalismo no Brasil. *In: I Seminário Nacional de Pós Graduandos em História das Instituições. Anais do I Seminário Nacional de Pós Graduandos em Histórias das Insituições,* mimeo.

(46) *"Confrontación y compromiso social no son términos antagônicos sino que se interrelacionam dialecticamente, formando polo entre lo que debe desarrollarse la actividad del sindicato."* VIDA, Maria Nieves Moreno. *Los Pactos Sociales en El Derecho Del Trabajo,* p. 55.

(47) COSTA, Sílvio. *Tendências e centrais sindicais,* p. 13-21. GOMES, Orlando; GOTTSCHALK, Élson. *Curso de Direito do Trabalho,* p. 573-581. MASSONI, Túlio de Oliveira. *Representatividade Sindical,* p. 153-159. MORAES FILHO, Evaristo de. *O Problema do Sindicato Único no Brasil:* seus fundamentos sociológicos, p. 182-293. SIQUEIRA NETO, José Francisco. Ob. cit., p. 300-339. SÜSSEKIND, Arnaldo; MARANHÃO, Délio; VIANNA, Segadas; TEIXEIRA, Lima. *Instituições de Direito do Trabalho.* vol. 2, p. 995-1000. VIANNA, Luiz Werneck. *Liberalismo e Sindicato no Brasil,* p. 57-94.

do poder estatal teve, a partir da década de setenta uma nova faceta social, atrelada ao enfraquecimento do Estado Social frente ao liberalismo. A crise por que passou não só o país, mas o mundo como um todo acabou gerando novas demandas principalmente em sociedades, digamos, que ainda não desfrutavam de uma efetiva democracia, como se vivenciou em quase toda América Latina.

O período de redemocratização do país foi marcado intensamente pelas várias manifestações populares nos anos setenta e oitenta, tendo à frente as organizações sindicais como resistência quase que habitual à política econômica e social praticada no Estado. Com o início da retirada dos militares do poder e até a elaboração da atual Constituição da República, promulgada em 5 de outubro de 1988, o sistema democrático no país foi experimentando novos avanços por parte dos atores sociais. Somado a isso, a própria crise do *welfare state*[48] por que passou não só o país, mas o mundo ocidental como um

---

(48) "(...) o conceito de Welfare State muito vago, permitindo a qualquer um formular sua definição, mas registra consenso entre conservadores, liberais e socialistas sobre sua existência em sociedades capitalistas enquanto instrumento eficiente de controle econômico, apresentando-se como mecanismo econômico, social e político do capitalismo avançado, o qual não alterou substancialmente a coexistência de pobreza e afluência e, muito menos, resolveu a contradição básica de toda sociedade capitalista: lógica da produção industrial por lucro e lógica das necessidades humanas, que tem sido apenas suavizada e modificada em poucos aspectos.

O universalismo é a forma de política social que nasce e se desenvolve com a ampliação do conceito de cidadania, com o fim dos governos totalitários da Europa Ocidental (nazismo, fascismo etc.), com a hegemonia dos governos sociais-democratas e, secundariamente, das correntes euro-comunistas, com base na concepção de que existem direitos sociais indissociáveis à existência de qualquer cidadão. Com ela nasce o conceito de *Welfare State* ou Estado de Bem Estar Social.

Segundo esta concepção, todo o indivíduo teria o direito, desde seu nascimento, a um conjunto de bens e serviços que deveriam ser fornecidos diretamente através do Estado ou indiretamente, mediante seu poder de regulamentação sobre a sociedade civil. Esses direitos iriam desde a cobertura de saúde e educação em todos os níveis, até o auxílio ao desempregado, à garantia de uma renda mínima, recursos adicionais para sustentação dos filhos etc.

(...) Ressalvadas as variações históricas do *Welfare State*, alguns elementos de sua constituição podem ser configurados:

• ação estatal na organização e implementação das políticas;

• relação Estado/mercado, marcada pela alteração do livre movimento e dos resultados socialmente adversos do mercado por parte do Estado;

• noção de substituição da renda por perda temporária ou permanente;

• referência menos ao trabalhador contributivo e mais ao cidadão (realça a noção de direito).

A esses elementos pode ser acrescida a noção de um sistema público, nacionalmente articulado.

Welfare State no Brasil

Ao longo dos anos 1970 e 1980, o Estado brasileiro busca organizar um "arremedo" de welfare state, na tentativa de satisfazer algumas demandas da população desprotegida. A criação do Instituto Nacional de Alimentação e Nutrição (INAN), do Funrural e, posteriormente, das Ações Integradas de Saúde (AIS) do SUDS, do SUS, dos mecanismos de seguro-desemprego, são exemplos claros dessa "marcha" rumo à universalização dos direitos sociais.

Mas o modelo de desenvolvimento econômico e a base de sustentação financeira das políticas sociais no Brasil têm sido organizados de forma incompatível com os ideais de universalização. Como corolário, tem-se uma universalização que na prática é excludente. Em outras palavras, a política social brasileira, além de ser insuficiente para cobrir as necessidades da população de mais baixa renda, não somente em termos de quantidade, mas também de qualidade, exclui, na prática, os segmentos de alta e média renda, fator distintivo do tipo de universalismo que se implantou na maioria dos países europeus na fase áurea do *Welfare State*. Estes fazem o uso cada vez mais frequente dos sistemas privados autônomos, seja no campo da saúde, seja no campo das entidades (abertas ou fechadas) de previdência privada.

todo, acabou gerando novas demandas de massa, principalmente em sociedades minimamente organizadas e que também não desfrutavam de uma efetiva democracia. E no caso brasileiro essa reação não foi diferente.

Desde então se passaram duas décadas e algumas particularidades e princípios trazidos com essa nova ordem jurídica foi o que realmente possibilita a conclusão de que vivemos em um país democrático e que procura privilegiar, dentre outros, a *cidadania;* a *dignidade da pessoa humana;* os *valores sociais do trabalho e da livre iniciativa;* e o *pluralismo* (art. 1º da Constituição Federal de 1988). Com esses fundamentos, a atuação dos sujeitos sociais e, principalmente das organizações sindicais ganha novas dimensões na relação Estado e sociedade civil.

2.1. A pirâmide sindical

A Constituição Federal de 1988 no seu Título II que trata "Dos Direitos e Garantias Fundamentais", consolida em seu art. 8º o cenário jurídico político em que são instituídas, organizadas, e a forma atuação das organizações sindicais. Em que pese as críticas atribuídas na época ao original sistema de estrutura das organizações sindicais oriundo do Estado corporativista e, com a transição democrática inaugurada formalmente a partir da Constituição da República de 1988, o Texto constitucional não abandonou de vez o referido corporativismo em que se situa a sistemática sindical brasileira. Muito embora a norma constitucional do art. 8º que trata de maneira concisa da organização sindical fazer ressalvas expressas à não "interferência" e "intervenção" estatal na organização dos sindicatos (inciso I); garantir a representação extraordinária em questões administrativas e judiciais (inciso III e V); assegurar o direito e liberdade de associação (inciso IV); e a garantia aos sindicalizados e seus dirigentes (inciso VII e VIII), acabou conclusivamente por não abandonar o antigo regime.

Malgrado o advento da atual Constituição inaugurado em 1988, o vigente sistema de organização sindical no Brasil resiste desde os moldes da década de trinta, calcado em uma estrutura piramidal onde a base é constituída pelo *sindicato* (organização sindical de primeiro grau constituída diretamente pelos membros da respectiva categoria profissional ou econômica)[49]; em seguida, no seu meio a federação (como organização de segundo

---

A Constituição de 1988 consagrou o ideário da universalização das políticas sociais no Brasil, numa fase onde as condições econômicas para chegar a um universalismo de fato se tornavam cada vez mais precárias. Sendo assim, crise econômica, crise nas finanças públicas e direitos constitucionais adquiridos passam a ser, desde meados dos anos 1990, um dos conflitos a serem enfrentados numa eventual reforma do Estado. A crise do *Welfare State* no Brasil chegou antes que ele pudesse ser, de fato, implantado em sua plenitude." RODRIGUES, Wanda. Welfare State — *construção e crise*. Disponível em: <http://www.casadehistoria.com.br/cont_notas_05.htm> Acesso em: 30 maio 2008.

(49) "O grupo profissional constitui, pois, realidade sociológica. Mas isso não significa seja estranho ao mundo do Direito. Ao contrário, apresenta-se certamente como um dos institutos mais importantes da nossa disciplina, onde é conhecido por sindicato, *'union'*, (*'trade union'*) *'syndicat'*, *'gewerkschaft'* (*'arbeitervereine'*), 'sindicato', *fackforening'*, *'fareyn'*, respectivamente em português, espanhol, inglês, francês, alemão, italiano, sueco, e yddish. A palavra sindicato tem sido utilizada para designar reunião de empresários, no campo do Direito Comercial. (...) No Brasil, compreende tanto as organizações de trabalhadores como as de empregadores." MAGANO, Octavio Bueno. *Organização sindical brasileira*, p. 12.

grau criada a partir de um número mínimo de sindicatos de primeiro grau de categorias ou ramos de atividades conexas); e a *confederação* (constituída por um número mínimo de três federações e cuja atuação se dá no cenário nacional, dentro dos ramos de) na sua cúpula[50].

A função precípua de cada uma dessas organizações (sindicatos, federações, ou confederações) de certa forma atingem somente a representação e defesa dos interesses da categoria a que se vinculavam, geralmente em sede de elaboração de acordos e convenções coletivas, bem como prestando outros serviços aos seus representados. Pouco fora dessa atribuição legal, no pico, as confederações se encarregavam da coordenação das federações e sindicatos, com pouco papel de cunho político na vida de seus integrantes. Distante dessa realidade se encontrava a participação das confederações e algumas poucas federações, todas de empregadores, em diálogos diretos com o Estado, mas sempre procurando alguma benesse, em geral de ordem fiscal, ou mesmo algum outro incentivo na política desenvolvimentista estatal. Os seus interesses, portanto, se vinculam mais ao grupo a que pertença e não especialmente com os assuntos de interesse da sociedade como um todo.

A pirâmide sindical que ainda se encontra visualizada em nossa estrutura sindical ganhou nova formatação a partir da promulgação da Lei n. 11.648/2008 que tornou visível, legal, e legítimo o ingresso nessa estrutura das centrais sindicais (ao menos em regime de cooperação e até divisão de receitas dos representados). Desta vez, formalmente, as centrais sindicais de trabalhadores, segundo a regra legal, se encarrega da representação e coordenação política em qualquer grau das organizações sindicais profissionais.

Originalmente concebida dentro do Estado corporativista da década de trinta, sobrevivendo, ainda, com a redemocratização construída pela Constituição Federal de 1988 e dinamizada com os novos movimentos resultantes da abertura política e econômica adotada pelo Estado brasileiro, as organizações sindicais ainda se encontram inibidas na sua autonomia e liberdade em função da própria timidez ou mesmo incerteza com que a doutrina e a jurisprudência têm enfrentado o tema da vedação da interferência e intervenção estatal na vida daquelas organizações[51]. Apesar desse fator ainda não prejudicar em demasia a consolidação da condição de forte ator social atribuídas às organizações sindicais, é certo que se a correspondente norma constitucional tivesse recebido a interpretação e extensão merecida, somadas à própria natureza e grau de envolvimento dos sindicatos na vida política do país, a sociedade é quem mais desfrutaria dos resultados da participação das organizações sindicais em assuntos de ordem geral e de interesses da nação.

2.2. Evolução constitucional e política da organização sindical

O histórico das organizações sindicais na vida de um país reflete não só a dimensão com que o cenário político e social se construíram num dado contexto, como também

---

(50) SÜSSEKIND, Arnaldo. *Direito Constitucional do Trabalho*, p. 365-366. MAGANO, Octavio Bueno. *Ibidem*, p. 143. NASCIMENTO, Amaury M. *Direito Sindical*, p. 143.
(51) DELGADO, Mauricio Godinho. *Direito Coletivo do Trabalho*, p. 74-76.

revela todas as flutuações nas relações do Estado com a sociedade. Tanto a redefinição política do poder estatal como as eventuais alterações da ordem constitucional do país interferem na vida e nos rumos dos sindicatos.

No caso brasileiro essas afirmações não fogem a regra. Inibindo, proibindo, regulando, fiscalizando, ou qualquer outra forma de ingerência na sua liberdade e autonomia acabou por pautar a agenda das organizações sindicais desde a primeira constituição republicana brasileira. O que se procura de forma concisa é apresentar uma breve exposição da evolução da participação política das organizações sindicais no cenário brasileiro.

Se mostra indissociável, ao menos na gênese, a relação do direito do trabalho com o direito sindical ou mesmo com as próprias organizações sindicais assim consideradas. A escolha de se apresentar a evolução política e participativa da organização sindical tomando como ponto de referência as constituições brasileiras foi o de justamente evitar qualquer crítica conceitual[52] ou mesmo equívoco próprio na interpretação quanto a algumas fases de nossa história política, até porque se prefere adotar a linha de que sem o trabalho livre se torna muito difícil compreender o direito do trabalho e o das próprias organizações sindicais[53].

A Constituição do Império de março de 1824 no seu art. 179[54] apenas se limitou a assegurar que o trabalho seria livre. Na contramão, acabou por abolir as corporações de ofício[55] (como exemplo os Títulos 29 a 35, do liv. 4º, arts. 226 e seguintes do Código Comercial). O quadro dessa época não propiciava qualquer possibilidade de participação sindical em decisões conjuntas com o Estado de interesse da sociedade, embora houvesse a criação de um Conselho de Estado (Lei n. 234, de 23 de novembro de 1841) onde conselheiros que obrigatoriamente deveriam possuir as mesmas características de senadores participavam de decisões junto ao príncipe.

A primeira Constituição republicana de 24 de fevereiro de 1891, já sob os ares liberais e com um viés democrático, além de manter a consagração do trabalho livre (§ 24 de seu art. 72) em seu art. 72, § 8º possibilitou que *"A todos é lícito associarem-se e reunirem-se livremente e sem armas; não podendo intervir a polícia senão para manter a ordem pública"*.

---

(52) Como exemplo a justificação do professor Cesarino Júnior: "Tomando como critério a qualidade e a quantidade das legislações constitucional e ordinária, dividimos a história do Direito Social Brasileiro nos períodos: pré-histórico, de 1500 a 1888; capitalista, de 1888 a 1930, praticamente sem legislação social; socialista, de 1930 a 1934, de notável desenvolvimento das leis sociais; social-democrático, de 1934 a 1937, harmonização das tendências dos dois períodos imediatamente anteriores, com aspectos corporativistas; corporativo, de 1937 a 1946, unidade sindical e controle dos sindicatos pelo Estado, baseado no modelo corporativo italiano; progressista, de 1946 a 1964, aperfeiçoamento da legislação existente; e, finalmente, revisionista, de 1964 até hoje, grandes reformas na legislação social, algumas meramente tecnocráticas, desprezado o aspecto humano dos problemas, outras de grande valor prático e de acertado fundamento e de acertado fundamento doutrinário." CESARINO JÚNIOR, Antônio Ferreira; CARDONE, Marly A. *Direito Social:* teoria geral do direito social, direito contratual do trabalho, direito protecionista do trabalho — vol. I, p. 77.

(53) SIQUEIRA NETO, José Francisco. *Direito do trabalho & democracia:* apontamentos e pareceres, p. 195-196.

(54) "Art. 179. A inviolabilidade dos direitos civis e políticos dos cidadãos brasileiros, que tem por base a liberdade, a segurança individual e a propriedade, é garantida pela Constituição do Império, pela maneira seguinte: 24) Nenhum gênero de trabalho, de cultura, indústria ou comércio pode ser proibido, uma vez que não se oponha aos costumes públicos, à segurança e saúde dos cidadãos".

(55) Entendidas aqui como coalizão de operários, empresários, e mesmo oficiais de qualquer arte.

A partir do marco de vigência dessa primeira Constituição republicana um fator social e outro legal propiciaram as coalizões entre trabalhadores e a formação de sindicatos. Principalmente o proletariado de São Paulo, onde se concentrava a maior gama da atividade da indústria brasileira, e que era composto por imigrantes, já com uma cultura de lutas nos países da Europa ocidental (anarquistas e comunistas) é que deram impulso ao surgimento das organizações sindicais, embora marginalizadas na sociedade[56].

Somente em 1903, com o Decreto n. 979 de seis de janeiro é que vem a lume nossa primeira legislação sindical. A finalidade desse diploma foi o de justamente atribuir ao sindicato uma atividade de intermediação de crédito em benefício de seus associados. Em vista da pouca industrialização a época, a legalização desses sindicatos somente se deu para os trabalhadores (e não empresários!) da agricultura e das indústrias rurais de toda espécie[57]. De fato, essa primeira experiência sindical em nada se alinhava como um sindicato de importância global, ou mesmo que sua atuação pudesse ser absorvida como ente partícipe do Estado em decisões de ordem da coletividade, e não apenas do seu grupo de sócios.

A segunda lei relativa às organizações sindicais foi mais extensiva e marcante para o sindicalismo brasileiro. Por meio do Decreto n. 1.637, de 5 de janeiro de 1907, possibilitou-se aos sindicatos a faculdade de se federar em uniões ou sindicatos centrais sem limitações de circunscrições territoriais[58]. O próprio legislador, por meio deste Decreto ainda possibilitou que a organização em sindicatos pudesse ser viabilizada da forma mais conveniente pelos interessados e sem a ingerência estatal. Dentro desse estágio legal surge a primeira organização sindical nacional em 1908, a Confederação Operária Brasileira, apoiada por mais de uma dezena de associações sindicais dos Estados de São Pulo, Pernambuco, Bahia, Rio de Janeiro e Rio Grande do Sul, de forma a representar uma maior gama de trabalhadores e, a partir de então, de empresários também. Somente em 1931 surge outra organização sindical de idêntico porte representativo, a Confederação Geral dos Trabalhadores do Brasil — CGTB, tendo sido fechada pouco mais de quatro anos de sua fundação pelo autoritarismo estatal[59].

Nesse lapso de tempo surge o Conselho Nacional do Trabalho, criado pelo Decreto n. 16.027, de 30 de abril de 1923. Tinha como uma das suas atribuições a tratativa de assuntos relativos à organização do trabalho e previdência social. Em sua composição havia representantes dos operários, empregadores, governo e outros indivíduos de reconhecida capacidade técnica em assuntos envoltos ao referido Conselho. A sua criação deveu-se muito por influência do Tratado de Versalhes de 1919 (que originou a Organização Internacional do Trabalho – OIT), do qual o Brasil fora signatário e tinha como uma de suas metas de programa o cumprimento de recomendações vinculadas à edição de leis

---

(56) RODRIGUES, Leôncio Martins. Classe operária e sindicalismo no Brasil. *In: Sindicalismo e Sociedade*, p. 345.

(57) MAGANO, Octavio Bueno. Ob. cit., p. 93-94. GOMES, Orlando; GOTTSCHALK, Elson. Ob. cit., p. 7/8.

(58) "Art. 1º É facultado aos profissionais de profissões similares ou conexas, inclusive as profissões liberais, organizarem entre si sindicatos, tendo por fim o estudo, a defesa e o desenvolvimento dos interesses gerais da profissão e dos interesses profissionais de seus membros".

(59) AROUCA, José Carlos. Centrais Sindicais — Autonomia e Unicidade. *In: Revista LTr*, v. 72, n. 10, p. 1.159.

adequadas às prescrições contidas pela Conferência da Paz, dentre elas a organização da legislação trabalhista local[60].

Impulsionado pelo fato político da vitória da Aliança Liberal (e posteriormente com o Estado Novo em 1937) o Estado se incumbiu de organizar e legitimar as associações operárias. Como resultado as organizações sindicais acabaram ficando sob a tutela estatal e organizados na linha do modelo instituído pelo fascismo italiano[61], o que se denominava então à época como sindicato oficial, ou seja, oficializado pela legislação de controle do Estado, cujo reconhecimento estatal se deu num primeiro momento em relação às organizações de trabalhadores para, somente depois de alguma resistência, se verificar a manifestação de adesão de associações de classe patronais ao novo modelo de sindicalismo corporativo[62].

O corporativismo como norte da estrutura do sistema sindical que ainda vige em nosso país foi inaugurado no início da década de trinta, com o advento do Decreto n. 19.770, de 19 de março de 1931, tendo, repita se, como seu parâmetro o modelo italiano de então. A partir desse documento de obrigação legal implantou-se as bases do modelo corporativista na estrutura relativa aos sindicatos. O ente sindical atuava nesse modelo como instrumento a serviço do Estado, tendo sido inaugurado com o requisito da unicidade e a possibilidade de existência das federações (iniciadas a partir de um número mínimo de sindicatos de primeiro grau), e das confederações (criadas a partir do interesse de um número mínimo de três federações). Impôs regras de administração interna aos sindicatos (tempo de mandato, número de diretores, intervenção, número mínimo de associados etc.). O traço mais marcante desse modelo se deu em relação às funções das organizações sindicais, exercendo nítida representação com abrangência de toda uma categoria. Ainda, se inviabilizava qualquer função política das organizações sindicais, proibindo a de se utilizar de qualquer propaganda de ideologias sectárias, de caráter social, religioso, político, além de candidaturas a cargos eletivos[63]. Reforçando alguns pontos do modelo corporativista nas relações voltadas às organizações sindicais o Governo fez publicar pouco antes da promulgação da Constituição seguinte, em julho de 1934, o Decreto 24.694.

Como num toque de mágica o Estado acabou por dinamizar a organização sindical repressiva de outrora. A pluralidade e a autonomia tão prestigiadas foram desta vez restabelecidas legalmente. A Constituição de 1934 acabou se voltando um pouco mais com a questão social, possivelmente em virtude da formação e desenvolvimento cultural da sociedade e dos atores sociais então existentes, dentre eles as organizações sindicais. Reconhecida como nossa primeira Constituição democrática, a Constituição de 1934

---

(60) SIQUEIRA NETO, José Francisco. *Ibidem*, p. 59-60.
(61) RODRIGUES, Leôncio Martins. *Ibidem*, p. 348.
(62) ARAÚJO, Angela Maria Carneiro. Estado e Trabalhadores. *In: Do Corporativismo ao Neoliberalismo*. Estado e trabalhadores no Brasil e na Inglaterra, p. 29-57.
(63) MAGANO, Octavio Bueno. *ibidem*, p. 96-99. SIQUEIRA NETO, José Francisco. *Ibidem*, p. 194-195.

estabeleceu que a lei consagraria a pluralidade sindical e a sua respectiva autonomia[64]. A rigor, o Decreto n. 24.694 não mais teria validade.

Cabe, inicialmente, destacar que no Texto constitucional de 1934 havia previsão da criação de Conselhos Técnicos para a assistência aos órgãos dos Ministérios. Pela primeira vez prevista em uma Constituição, essa modalidade de participação política teria a composição e funcionamento reguladas por lei ordinária (art. 103).

De fora parte, outra forma de participação política via Constituição republicana de 1934 se deu a partir da criação da Justiça do Trabalho onde, para seu funcionamento, haveria uma composição tripartite, entre representantes dos trabalhadores, empregadores e do Governo[65]. A indicação desses representantes dos trabalhadores e empregadores (ou seja, a força de produção de toda a sociedade) ficaria a cargo das organizações sindicais respectivas. A importância dessa participação dessas organizações sindicais nesse contexto é óbvia. O trabalho, seja na órbita individual ou coletiva já se incorporava na ordem econômica e social da Constituição, com especial obediência aos princípios da justiça e às necessidades da vida nacional. Ademais, os entes sindicais atuavam legalmente como ente colaborador e instrumentalizador do Estado em determinadas situações, tal como a de procurar distribuir justiça nas relações e controvérsias de trabalho[66].

Muito embora o Decreto de 1931 tenha inserido o modelo corporativista nas relações entre o Estado e as organizações sindicais, somente com a Constituição de 10 de novembro de 1937 é que essa característica se tornou devidamente esmiuçada e arraigada em nosso sistema jurídico, persistindo desde então[67]. Seguindo a risca o modelo fascista

---

(64) "Art. 113 – A Constituição assegura a brasileiros e a estrangeiros residentes no País a inviolabilidade dos direitos concernentes a liberdade, à subistência, à segurança individual e à propriedade, nos termos seguintes: (...) § 12 – É garantida a liberdade de associação para fins lícitos. Nenhuma associação será compulsoriamente dissolvida senão por sentença judiciária. (...) Art. 120 – Os sindicatos e as associações profissionais serão reconhecidos de conformidade com a lei."

(65) "Art. 122 – Para dirimir questões entre empregadores e empregados, regidas pela legislação social, fica instituída a Justiça do Trabalho, a qual não se aplica o disposto no Capítulo IV do Título I. Parágrafo único. A constituição dos Tribunais do Trabalho e das Comissões de Conciliação obedecerá sempre ao princípio da eleição de membros, metade pelas associações representativas dos empregados, e metade pelas dos empregadores, sendo o presidente de livre nomeação do Governo, escolhido entre pessoas de experiência e notória capacidade moral e intelectual".

(66) "Para aqueles que acreditam em soluções de validade universal para os problemas humanos, o corporativismo deve ser combatido tendo por fim último a sua eliminação definitiva. Para aqueles que, como o Autor, não crêem que uma solução possa satisfazer simultaneamente a todos, o corporativismo não pode ser eliminado das relações humanas. Deve ser tratado, segundo os defensores desta última corrente, de forma a tornar explícitos os vínculos de interesse a que corresponde. Seu objetivo último não é, portanto, eliminar o corporativismo, mas molda-lo em padrões democraticamente aceitáveis, denunciando privilégios injustificáveis e exclusões desiquilibradas." AGUILLAR, Fernando Herren. *Controle Social de Serviços Públicos*, p. 220.

(67) "Art. 135 – Na iniciativa individual, no poder de criação, de organização e de invenção do indivíduo, exercido nos limites do bem público, funda-se a riqueza e a prosperidade nacional. A intervenção do Estado no domínio econômico só se legitima para suprir as deficiências da iniciativa individual e coordenar os fatores da produção, de maneira a evitar ou resolver os seus conflitos e introduzir no jogo das competições individuais o pensamento dos interesses da Nação, representados pelo Estado. (...) Art. 137 – A legislação do trabalho observará, além de outros, os seguintes preceitos: a) os contratos coletivos de trabalho, concluídos pelas associações, legalmente reconhecidas, de empregadores, trabalhadores, artistas e especialistas, serão aplicados a todos os empregados, trabalhadores, artistas e especialistas que elas representam; (...). Art. 138 – A associação profissional ou sindical é livre. Somente, porém, o sindicato regularmente reconhecido pelo Estado tem o direito de representação legal

italiano[68], a nova configuração das funções das organizações sindicais representou um giro extremo na concepção das relações com o Estado se considerarmos o modelo da Constituição de 1934 e a "polaca" como era conhecida à época a Constituição de 1937. A organização sindical prevista até era livre, mas somente quando o sindicato houvesse recebido regularmente o reconhecimento do ente estatal é que lhe assumia a personalidade sindical.

Seguiu se ao corpo da Constituição de 1937 o Decreto n. 1.402, datado de 5 de julho de 1939. Na mesma linha repressiva obrigava a observância da unicidade sindical como parâmetro de constituição e representação, e um sistema a partir do qual se estipulava a filiação dos sindicatos à federação e, estas, à respectiva confederação nacional[69]. Mesmo com todas essas restrições ainda havia margem para a participação das organizações sindicais junto ao Estado. As Caixas e Institutos de Aposentadoria e Pensão que depois se fundiram em autarquias possuíam a representação de trabalhadores e empresários nos Conselhos Administrativos ou mesmo Fiscais. A Comissão de Salário Mínimo, substituída pelo Conselho Nacional de Política Salarial, tinha em sua composição indivíduos designados pelas confederações de trabalhadores e empresários[70].

Com a primeira redemocratização do país a partir da Constituição de 18 de setembro de 1946 os rumos da organização sindical ganhavam novos contornos, seja na esfera *interna corporis* ou mesmo quanto ao seu envolvimento com a sociedade. A Constituição em apenas um artigo garantiu a livre associação sindical, relegando às instâncias ordinárias as matérias relativas à sua criação, representação, e acerca das funções delegadas pelo Poder Público (art. 159). De todo modo, a pluralidade e a unicidade ainda persistiam no regime constitucional.

Muito embora todo o movimento de natureza democrática que se instalou a partir da promulgação da Constituição de 1946, a participação de atores sociais e, mais especialmente, das organizações sindicais em assuntos do Estado ainda ficou vinculada

---

dos que participarem de categoria de produção para que foi constituído, e de defender-lhes os direitos perante o Estado e as outras associações profissionais, estipular contratos coletivos de trabalho obrigatórios para todos os seus associados, impor-lhes contribuições e exercer em relação a eles funções delegadas de Poder Público (...) Art. 140 – A economia da população será organizada em corporações, e estas, como entidades representativas das forças do trabalho nacional, colocadas sob a assistência e a proteção do Estado, são órgãos destes e exercem funções delegadas de Poder Público".

(68) "A mesma filosofia transparece no art. 6º da *Carta del Lavoro* italiana, do qual destacamos este tópico: 'As corporações constituem a organização unitária das forças da produção, tendo a representação integral de seus interesses'." MAGANO, Octavio Bueno. Ob. cit., p. 134.

(69) "Vedava-se assim, a unicidade de representação dos trabalhadores através de confederação geral ou central. Neste ponto a Lei Sindical de 1939 pouco se distanciava das anteriores. A primeira da 'Era Vargas', Decreto n. 19.779, de 19 de março de 1931, apesar de saída das penas de socialistas como Evaristo de Moraes — pai e Joaquim Pimenta, atrelava os sindicatos ao controle do Ministério do Trabalho, ao qual cabia reconhece-los e intermediar a defesa dos interesses de ordem econômica, jurídica, higiênica e cultural perante o governo, além disso, dava-lhes natureza de órgão de colaboração com o Poder Público. A organização era vertical com sindicatos, federações e confederações, mas as federações operárias poderiam se constituir em uma Confederação Brasileira do Trabalho. As federações patronais por sua vez se uniriam numa Confederação Nacional da Indústria e Comércio." AROUCA, José Carlos. Ob. cit., p. 1163.

(70) SÜSSEKIND, Arnaldo. *Direito...*, ob. cit., p. 471-472.

à paridade de representação de trabalhadores e empregadores nos órgãos do Judiciário trabalhista (art. 122, § 5º).

Nesse período de vigência da Constituição de 1946 nasceu a Confederação dos Trabalhadores do Brasil — CTB, como órgão sindical de abrangência nacional. Todavia, acabou sendo extinta pelo Decreto n. 23.046 com o fundamento de que *"seus fins opunham-se ao regime sindical vigente"*. Mas a necessidade da criação de uma organização de cúpula, de representação e coordenação política geral da massa de trabalhadores no país acabou por tentar fazer voltar à tona da Confederação dos Trabalhadores do Brasil, bem como as Uniões Sindicais de São Paulo e Rio de Janeiro, nominadas como União Geral dos Trabalhadores. Acabaram sendo esquecidas da vida política dos sindicatos em função de uma Portaria Ministerial que proibia a vinculação de sindicatos a esse tipo de organização de âmbito nacional e plural[71].

No ano de 1960 o Partido Comunista Brasileiro junto ao III Congresso Sindical Nacional retoma o intento de criação de uma central sindical. Surge, a partir daí, o Comando Geral dos Trabalhadores (CGT). Ainda na clandestinidade, embora os eventos de organização sindicais tratarem da reconstrução da CGT, essa central sindical veio a ser legalmente reconhecida pelo presidente João Goulart, que autorizara o Ministério do Trabalho a assim proceder (Portaria n. 125 de 1963)[72].

A mudança de cenário no país se inicia com o Ato Institucional n. 01, de 09 de abril de 1964 que muito embora ateste a validade da Constituição de 1946 introduz algumas alterações que de forma contundente afetam novamente as relações entre as organizações sindicais e o Estado. O cenário nacional naquele período já se encontrava comprometido com uma crise de pouco desenvolvimento do país. Somados a uma impossibilidade de apresentar novas propostas de política autônoma, classista, que pudesse pressionar não só ao Governo de plantão, como também a classe dos empresários, os sindicatos e os próprios trabalhadores marginalizados voltaram suas esperanças em medidas ditas urgentes para a nação. Como resultado desse processo de falta de alternativa e submissão, favoreceu-se de certa forma o apoio a líderes populistas e pouco comprometidos com o denominado *Brasil moderno*[73].

---

(71) AROUCA, José Carlos. *Ibidem*, p. 1.159-1.160.

(72) "Só em 1963 o Presidente João Goulart autorizou seu Ministro do Trabalho, Almino Afonso, como ele vinculado ao PTB, reconhecê-lo, o que se fez com a Portaria n. 125, que tinha apoio na seguinte fundamentação: 1) A Constituição assegura os direitos de associação e de reunião, que nenhuma disposição legal ou regulamentar pode anular. Estabelece também que ninguém é obrigado a deixar de fazer alguma coisa senão em virtude de lei; 2) A Consolidação das Leis do Trabalho não proíbe, nem poderia proibir em face do mandamento constitucional, a existência de organismos de coordenação entre as sindicais para o trato de problemas que não se limitam pela competência de cada uma delas em particular, porque envolvem interesses de todas em geral: inflação, custo de vida, níveis salariais, etc. 3) Esses organismos, para terem existência em face da Constituição, não dependem de reconhecimento, em face da Consolidação das Leis do Trabalho apenas não possuem a representatividade conferida às entidades sindicais que especifica para os fins pré-fixados; 4) A realidade social, que deve informar a feitura das leis revela a multiplicação de organismos daquela natureza, de base municipal, regional, estadual, nacional; 5) A observação da história do sindicalismo brasileiro em outros países mostra o aparecimento desse tipo de organizações como ocorreu nos Estados Unidos com a AFL-CIO, na França com a CGT, CGT-FO, e CFTC; na Itália com a CGTI, e outros países'. AROUCA, José Carlos. *Ibidem*, p. 1.160.

(73) RODRIGUES, Leôncio Martins. Ob. cit., p. 357.

Os sindicatos, principalmente os mais aguerridos e representativos, sofreram um forte ataque do Ministério do Trabalho com centenas de intervenções em suas administrações, o que de certa forma inibiu suas atividades. Esse movimento ministerial em poucos anos ultrapassou mais de mil e quinhentas intervenções em organizações sindicais, instalando um processo repressivo e autoritário na relação estatal com o ente sindical. Sua participação como ente de colaboração política com o Estado não mais ganhava a relevância e autonomia que até então lhe eram próprios.

A Constituição de 24 de janeiro de 1967 já trazia os conceitos até então balizados pelos atos institucionais que fragmentaram a Constituição precedente. Como previsto nas anteriores, a única forma de participação das organizações sindicais ainda se limitava à representação paritária junto a Justiça do Trabalho. Igualmente, era reconhecido o direito de associação e organização sindicais (art. 150, § 28). A vigente Constituição então sofrera nova e brusca mudança com a Emenda Constitucional n. 1, de 17 de outubro de 1969, criada a partir de uma Junta Militar, onde o Congresso Nacional acabou sendo "substituído" pelo próprio Poder Executivo. Em seu art. 166 e §§, mais uma vez condicionava a existência da organização sindical e a sua função pública (ainda que por delegação) mediante lei ordinária. Os seus dois parágrafos obrigavam a arrecadação das contribuições para o custeio da atividade dos órgãos sindicais; bem como a obrigatoriedade do voto nas eleições do sindicato.

O movimento de tentativa de desenvolvimento nacional criado pelo Governo Militar atravessava forte turbulência, com a repressão às greves dos sindicatos que assim faziam para a manutenção do poder dos salários frente a forte desvalorização. O que se verificava desde então era que o Estado, com o apoio da classe dos empresários, tentava impor políticas limitadoras de ganhos dos trabalhadores, inibindo a atuação direta dos sindicatos profissionais com os sindicatos de empresários[74]. O movimento operário calcado principalmente nesse pilar acabou por ajudar na redemocratização do país, desmotivando a permanência dos militares no poder[75]. Marcado principalmente pelas greves na região

---

(74) "(...) Se a prioridade dada à expansão capitalista decorre 'naturalmente' da doutrina militar usada para justificar a existência do regime, então as classes e grupos estratégicos da sociedade civil que deveriam organizar-se politicamente para impor esse mesmo objetivo (se tiverem que competir com ideologias não capitalistas) tendem a passar por uma contínua desmobilização política. O fato de os grupos empresariais, por exemplo, serem os principais beneficiários das políticas públicas e de, simultaneamente, terem um acesso bastante restrito à formulação da política econômica é explicado apenas a partir da perspectiva do papel instrumental desempenhado pela burocracia na promoção dos interesses de uma 'burguesia fraca'. Historicamente, isso pode muito bem ser verdadeiro (como acredito que seja), mas isso cria imediatamente uma situação política bastante ambígua. De fato, essa afinidade eletiva entre a ideologia do regime e os interesses empresariais garante um amplo apoio passivo ao regime autoritário e concede à burocracia do regime um grau considerável de liberdade e uma crescente margem de manobra na tomada de decisões." MARTINS, Luciano. A 'liberalização' do regime autoritário no Brasil. In: Transições do Regime Autoritário. América Latina, p. 118.

(75) "Com efeito, além da industrialização avançada e da consolidação democrática, outro aspecto crucial para a análise do caso brasileiro é a forte influência que recebemos do corporativismo, fundamentalmente, o italiano. (...) agrega-se aos desafios nacionais a superação do sistema de relações de trabalho de influência corporativista. Neste ponto, cabe frisar que todos os países que experimentaram alternativas corporativas mais relevantes (Itália, Portugal e Espanha) passaram, posteriormente, por transformações que proporcionaram a democratização das suas relações de trabalho". SIQUEIRA NETO, José Francisco. Liberdade ..., ob. cit., p. 192.

do ABC paulista no ano de 1978 e outras que se seguiram dentro desse modelo repressivo, no fundo representavam essas manifestações do proletariado um sentimento de rompimento com o autoritarismo reinante e a possibilidade de implantar no contexto político uma nova discussão na agenda nacional.

A nova orientação política das organizações sindicais possibilitou o enfrentamento com os governantes. Como modo de articulação em nível nacional e acima de suas respectivas categorias, resolve-se pôr em prática a criação de uma central sindical com todo o seu aspecto e envergaduras nacionais. Em 1983, depois dos movimentos grevistas sucessivos iniciados em 1978, surge a Central Única dos Trabalhadores, reinaugurando uma nova fase de atuação das entidades sindicais no cenário nacional[76]. Seguidamente outras centrais sindicais surgem na mesma linha de coordenação política das organizações de sindicatos espalhadas pelo país[77].

Mesmo com todas essas nuances daquele período houve, dentre outros movimentos, a instituição do Fundo de Garantia do Tempo de Serviço – FGTS (em 1966) e a sistematização da Previdência Social (1977) que em suas legislações específicas possibilitavam a existência de um Conselho próprio e de representação tripartite entre Estado, e a representação dos trabalhadores e empregadores, situações essas que ainda perduram nos dias atuais.

A Constituição Federal de 1988, também conhecida como Constituição cidadã, rompe com o regime autoritário de então e instala no país um novo processo de redemocratização das instituições como um todo. Malgrado as tentativas da Assembleia Constituinte em possibilitar uma real liberdade e autonomia das organizações sindicais nos debates de construção do Texto constitucional, o fato é que a nova disposição constitucional em nada retira o caráter do corporativismo sindical que reina desde 1931.

No plano da participação política dos indivíduos e atores sociais (esse em especial dos sindicatos), a Constituição Federal de 1988 inova e incrementa essa particularidade ao passo que prevê a representação da sociedade civil e/ou dos representantes de trabalhadores e empregadores nos mais diversos conselhos de órgãos públicos vinculados às políticas de ação do Estado. O art. 10 da Constituição assegura a representação tripartite junto aos colegiados do FGTS e do INSS. O Conselho da República (art. 89) possibilita a participação da sociedade. O sistema de Seguridade Social oficial possui gestão descentralizada e quadripartite (art. 194, VII). Ações de órgãos oficiais voltados à área da assistência social (art. 204, I e II); ensino (art. 206 e incisos); dentre outros.

Do modo como se aplica o instituto da participação política dos sindicatos em regime de cooperação e compartilhamento de decisões com o Estado, infere-se na prática que a representação classista dos trabalhadores e de empresários não possui a mesma origem ou grau de equivalência. Melhor dizendo, os empresários ao tomarem assento nos

---

(76) SIQUEIRA NETO, José Francisco. *Direito* ..., ob. cit., p. 207-208.

(77) Cronologicamente: Comando Geral dos Trabalhadores — CGT, em 1985; União Sindical Independente — USI, em 1986; Força Sindical — FS, em 1989.

colegiados de órgãos públicos se fazem representar por intermédio das confederações; enquanto os trabalhadores se fazem representar politicamente nessas situações mediante a atuação das centrais sindicais.

2.3. As Centrais Sindicais e sua integração no ordenamento jurídico

A nomenclatura central sindical como referência a uma das variantes dos organismos unitários que compõem todo o complexo da organização sindical, de fato, não possui um significado universal[78] e específico, que lhe dê uma identidade própria e que seja possível de identificar sua posição sem antes conhecer todo o sistema de relações coletivas de um dado sistema jurídico.

Como entidade que congrega as mais diversas organizações em seu corpo, concebendo uma verdadeira pluralidade de entidades em sua estrutura, pode receber neste ou naquele país a designação de confederação, como também de federação e outras afins[79].

As sobreditas centrais sindicais — aqui como nomenclatura adotada pelo sistema brasileiro —, na origem não decorreram especificamente de lei que lhe deu vida própria. Concretamente surgiram a partir de reuniões e/ou congressos, organizando-se posteriormente, visando uma melhor coordenação política para as atuações das mais variadas entidades sindicais a ela vinculadas. Trata-se, portanto, de uma organização de cúpula, intercategorial, do sistema das organizações sindicais.

No contexto sindical brasileiro, *a priori,* poderia se imaginar que a tradicional pirâmide oriunda do Estado corporativista da década de trinta sofrera uma reviravolta com o reconhecimento, por meio de legislação específica (Lei n. 11.648/2008), das Centrais Sindicais como responsáveis pela coordenação política das demais organizações sindicais que a ela se vinculam e de certo modo compondo até o sistema confederativo, já que no subsistente resquício do sindicalismo corporativo reinante no país, àquela entidade intercagorial igualmente será destinatária de uma parte do imposto sindical compulsório.

A inserção das centrais sindicais (ainda que somente de trabalhadores) no cenário das relações sindicais do país trouxe à discussão a possibilidade de se concebê-las ou não como verdadeiros organismos de representação sindical, principalmente se nos voltarmos aos moldes tradicionais da estrutura sindical reinante, moldada no corporativismo iniciado na década de trinta e consagrada em parte pela Constituição Federal de 1988.

Muito embora entender que a legislação sindical brasileira não proíbe a criação desses órgãos de cúpula sindicais, mas também não autoriza expressamente sua instituição,

---

(78) "São mais frequentemente as confederações que assumem a representação geral dos trabalhadores. Esta função tomou cada vez maior importância, de vinte anos para cá, em todos os nossos países ocidentais. Em toda parte, os representantes das organizações sindicais são convidados a exprimir seu ponto de vista nos organismos consultivos cuja influência pode ser, em determinadas circunstâncias, considerável. Ao mesmo tempo, eles constituem importantes grupos de pressão junto aos parlamentos e administrações. Uma grande parte do esforço das Centrais Sindicais é dedicado à atividade dessa ordem." CROZIER, Michel. Sociologia do Sindicalismo. In: Sindicalismo e Sociedade, p. 33.

(79) CROZIER, Michel. *Ibidem*, p. 22-23. NASCIMENTO, Amauri Mascaro. Ob. cit., p. 139.

justamente com o advento da Lei n. 11.648/2008 esse vazio acabou sendo suprido. Nesse estágio inicial legal, portanto, a referida lei acabou por promover substancialmente essa nova realidade no que diz respeito à formatação da organização sindical brasileira, a partir do momento em que reconhece a integração das centrais sindicais no sistema legal, confirmando, todavia, uma prática usual das organizações sindicais até então, seja no Brasil ou mesmo em outros países.

O professor Amauri Mascaro Nascimento[80] explica essa tendência de organização política dos organismos sindicais:

> É possível aduzir que há um aspecto técnico indicativo dessa tendência de união de cúpula entre diversas organizações, ao menos em certas ocasiões, diante de problemas comuns a todos os sindicatos e que interessam de um modo geral. Questões como desemprego são gerais e afetam a todos, independentemente da categoria ou do setor de atividade econômica, embora o problema possa setorializar-se. Há reivindicações comuns a toda a classe trabalhadora, e que exigem mobilização geral, da mesma maneira que há interesses econômicos comuns a todo o empresariado, e que os leva a se unirem em ações que se desenvolvem acima das unidades menores.

Dentro desse conceito de necessidade de atuação das centrais sindicais na cúpula das organizações é que a Lei n. 11.648/2008 seguiu a orientação ao legalizá-la em nosso sistema jurídico. Nesse condão seu art. 1º e incisos assim se apresentam: *"Art. 1º A central sindical, entidade de representação geral dos trabalhadores, constituída em âmbito nacional, terá as seguintes atribuições e prerrogativas: I – coordenar a representação dos trabalhadores por meio das organizações sindicais a ela filiadas; e II – participar de negociações em fóruns, colegiados de órgãos públicos e demais espaços de diálogo social que possuam composição tripartite, nos quais estejam em discussão assuntos de interesse geral dos trabalhadores. Parágrafo único. Considera-se central sindical, para os efeitos do disposto nesta Lei, a entidade associativa de direito privado composta por organizações sindicais de trabalhadores".*

A análise desta lei especial poderia até identificar um certo descompasso com o sistema confederativo brasileiro, consagrado pela Constituição Federal, notadamente no que diz respeito à unicidade e monopólio da representação sindical de base. Porém, não parece sustentável essa suposta inconstitucionalidade que alguns doutrinadores aventam[81]. A precária liberdade sindical prevista no art. 8º da Constituição Federal e o princípio da unicidade parecem estar consolidados com a nova lei. Principalmente, no que diz respeito a uma hipotética ofensa à unicidade, até porque este princípio se aplicaria somente para as confederações, federações e sindicatos — verdadeiras entidades inseridas dentro da pirâmide sindical —, não implicando qualquer limite às centrais sindicais ou mesmo a interferência destas nas atribuições daquelas organizações classistas profissionais,

---

(80) NASCIMENTO, Amauri Mascaro. *Ibidem*, p. 139.
(81) SÜSSEKIND, Arnaldo. *Direito...*, ob. cit., p. 366-368. AROUCA, José Carlos. *O Sindicato em um Mundo Globalizado*, p. 661-670.

já que as Centrais Sindicais, como a própria lei prevê claramente, não representam uma categoria[82] nos moldes como o sistema constitucional concebe.

Nesse contexto e agora devidamente dispostas em legislação específica fica evidenciado que as centrais sindicais, por desautorizadas, não tomarão o papel dos sindicatos que integram a base do sistema e nem promoverão a concorrência com os mesmos. Tampouco, fazer parte nas tratativas relativas às negociações coletivas que tratam das condições inerentes a contratos de trabalho. Por essa recente lei, praticarão as centrais sindicais do costumeiro diálogo político, econômico e social, também sob a modalidade de se responsabilizarem pela indicação de indivíduos para tomar assento nos Fóruns, Conselhos e Colegiados de Órgãos Públicos, todos ao mínimo de configuração tripartite, desenvolvendo nesse campo uma ação política comum e com vistas aos anseios dos setores que provavelmente as apoiam[83].

Essas centrais sindicais, a rigor, como associações de entidades sindicais profissionais apenas, abrangem todos os graus da hierarquia do sistema sindical confederativo concebido no ordenamento jurídico brasileiro. Na essência, são supracategoriais, acabando por abrigar uma maior quantidade e diversidade de entidades profissionais existentes no país. Não possuem a representação jurídica prevista em nível constitucional (conforme art. 8º da Constituição Federal). É de se registrar que agora, formalmente, detêm o peso da representação política tal como vinham desempenhando desde suas origens, dialogando com o Governo nos mais diversos assuntos e, necessariamente, com a representação majoritária dos empresários. Dentro desse cenário se pode conceber uma maior representatividade das centrais sindicais em relação às demais organizações sindicais, até porque reúne as mais diversas categorias dentro de sua organização interna.

Curioso notar que referida lei aduz apenas a centrais sindicais de trabalhadores. Por que, então, não possibilitou a criação dessas organizações no âmbito dos empresários?

A resposta a essa questão foi tirada do consenso no Fórum Nacional do Trabalho patrocinado pelo Ministério do Trabalho e Emprego do Brasil, onde se discutiu de forma tripartite e exaustiva com todos os interessados um novo modelo de organização sindical. Naquele espaço de diálogo intenso, foi unânime a posição do empresariado quanto ao desinteresse de constituírem ou mesmo facultar a criação de centrais sindicais de categorias econômicas[84]. Nesse aspecto em especial pode-se concluir com toda segurança que a legalização das centrais sindicais apenas quando na seara das organizações sindicais de trabalhadores, o Estado nada mais fez do que respeitar um desejo da classe empresarial envolvida. O debate e o consenso predominaram nessa questão legal.

A legitimidade das centrais sindicais, como ressaltado em outra passagem, se justifica não só pela sua representação plural e na cúpula, mas também reflete uma tendência do mundo globalizado, inclusive com forte atuação além das fronteiras do Estado, procurando

---

(82) NASCIMENTO, Amauri Mascaro. *Aspectos...*, ob. cit., p. 392.
(83) NASCIMENTO, Amauri Mascaro. *Ibidem*, p. 391-394.
(84) AROUCA, José Carlos. Ob. cit., p. 1.159-1.172.

novas alternativas para a organização dos demais sindicatos dentro das demandas do mundo globalizado[85].

A propósito, sobredita legislação que reconheceu formalmente a existência das Centrais Sindicais (Lei n. 11.648/2008) está com sua constitucionalidade discutida perante o Supremo Tribunal Federal (ADIn n. 4.067), seja no que diz respeito a sua responsabilidade de indicação dos integrantes nos colegiados de órgãos públicos; ou mesmo diante de uma potencial irregularidade em relação à repartição das receitas da contribuição sindical entre os sindicatos, federações, confederações e as centrais sindicais[86]. No mais, quanto ao aspecto político de representação, nada foi arguido pelos questionadores.

O fato é que o julgamento da referida ADI pelo Supremo ainda não foi finalizado. Porém, o que se tem de definitivo até o momento é que três Ministros entendem que somente a repartição da receita da contribuição sindical com as Centrais Sindicais seria inconstitucional, enquanto os demais termos da lei estariam conforme a Constituição. Os outros três Ministros que já votaram (portanto, seis ao todo) entendem que até as contribuições sindicais também lhes são destinadas.

Pela votação até aqui apresentada, o único ponto que corre risco na Lei de reconhecimento das Centrais Sindicais diz respeito a repartição das receitas oriundas da contribuição sindical compulsória, sendo as atribuições previstas nos incisos do art. 1º e seu Parágrafo Único (acima reproduzidos) totalmente compassados com a ordem constitucional[87].

---

(85) BERTOLIN, Patrícia Tuma Martins. O papel social dos sindicatos na integração econômica. In: Diário do Pará – Caderno 3, 28 jul. 1996, p. C-3.

(86) ADIn n. 4.067, ajuizada pelo DEM, e que busca retirar das Centrais Sindicais a cota parte de 10% da contribuição sindical prevista nos arts. 589-591 da CLT, também discute a sua condição de indicar representantes nos colegiados de órgãos públicos. Atualmente, o STF em sua maioria, em julgamento ainda não finalizado, está julgando pela improcedência da referida ADI.

(87) No caso do julgamento da ADIn n. 6.047, importante reproduzir por condizente com este trabalho, passagem do fundamento do voto do Ministro Eros Grau: "(...) 10. São duas as questões debatidas nesta ação: (i) a possibilidade de as centrais sindicais tomarem parte em debates e negociações travados nos espaços de diálogo social de composição tripartite, em defesa do interesse geral dos trabalhadores; e (ii) a inclusão das centrais sindicais no elenco das entidades que figuram como sujeitos ativos da contribuição sindical. 11. Não vejo como, sob a égide do que dispõe o art. 10 da Constituição e diante da afirmação da liberdade de associação [art. 5º, XVII; e 8º, caput], negar às centrais sindicais legitimidade para participar dos espaços de diálogo e deliberação em que estejam em jogo questões de interesse geral da classe trabalhadora. 12. O que as distingue está bem expresso no texto do art. 1º da Lei n. 11.648/2008: "entidade de representação geral dos trabalhadores, constituída em âmbito nacional". Os sindicatos representam interesses coletivos de trabalhadores de categorias profissionais específicas, sendo organizados em sistema que opera em três níveis, o dos sindicatos, das federações e das confederações. As centrais sindicais excedem esse sistema precisamente para instrumentar tentativa de superação de situações nas quais eventualmente se opõem interesses particulares de uma e outra categoria profissional, de modo a dividi-las, enfraquecendo a representação de classe. Cumprem, destarte, importante função ideológica e política. Estão voltadas à defesa de interesses do trabalho em um plano mais elevado, para além de particularismos. Note-se bem que, no modo de produção social dominante, por conta de particularismos que cooptam individualidades, diuturnamente se instala o dissenso no seio da classe operária. 13. Daí que as centrais sindicais não se equiparam, nem substituem entidades sindicais de grau superior. Consubstanciam associações civis de sindicatos. Impõe-se, para que possam ser reconhecidas como tais, a elas estejam filiados no mínimo cem sindicatos, distribuídos nas cinco regiões do País, representativos de ao menos cinco setores de atividade econômica (art. 2º da Lei n. 11.648/2008). Mais, é ainda exigível a filiação, a elas, de um mínimo de vinte sindicatos, em relação a pelo menos três regiões do País; indispensável, por fim, que os sindicatos associados sejam representativos de ao menos 7% do total de

É necessário e, mais do que isso, coerente, delegar às Centrais esse papel na representação política das entidades sindicais. Seja em virtude do modelo sindical adotado no país quanto aos interesses gerais dos trabalhadores (unindo a pulverização sindical), ou mesmo quanto a facilidade de se viabilizar um canal mais direto entre Governo e as representações profissionais em assuntos de interesse da sociedade como um todo.

Voltado para o lado da representação econômica (patronal), essa centralização na representação de interesses gerais talvez não seja tão necessária, já que se trata de uma categoria mais organizada e menos pulverizada.

---

empregados sindicalizados em âmbito nacional. 14. A Constituição evidentemente não veda a instituição de entidades de representação coletiva de trabalhadores ao atribuir aos sindicatos, no seu art. 8º, III, "a defesa dos direitos e interesses coletivos ou individuais da categoria". Desse preceito não se pode retirar a assertiva de que somente a entidades vinculadas ao sistema sindical incumbirá atuar na defesa dos direitos e interesses dos trabalhadores. Que me seja permitido insistir em que as centrais sindicais estão voltadas, imediatamente, não à defesa dos direitos e interesses coletivos ou individuais de categorias, mas, tanto quanto possível no espaço nacional — e aqui há um salto qualitativo — à defesa de interesses de classe, interesses do trabalho. 15. Quanto à primeira questão posta à apreciação deste Tribunal — possibilidade de as centrais sindicais participarem de negociações em fóruns, colegiados de órgãos públicos e demais espaços de diálogo social que possuam composição tripartite, nos quais estejam em discussão assuntos de interesse geral dos trabalhadores — acompanho o Relator. 16. No que tange à alegada inconstitucionalidade da inclusão das centrais sindicais no elenco das entidades que figuram como sujeito ativo da contribuição sindical, acompanho a divergência instalada pelo eminente Ministro Marco Aurélio. (...)"

Capítulo 3
Organização Sindical e Participação

O propósito deste capítulo é identificar quais as organizações sindicais, no cenário político brasileiro, realmente reúnem os pressupostos para participarem de deliberações e decisões com o Estado (de forma tripartite), dentro das funções adstritas a esses sujeitos sociais, não só pelo que faculta a Constituição da República de 1988, mas também em virtude de fatos isolados no contexto sócio-político nacional, voltando às exigências, características, e os momentos em que ditos organismos sindicais atuam no interesse da coletividade. Nesse desenho, saber se com ou sem uma democracia mínima é possível essa participação política, e se mesmo com o corporativismo que revela nosso sistema sindical ainda seria prudente falar em uma legítima participação com a finalidade de atendimento aos interesses gerais da coletividade. Embora a relevância do histórico político das organizações sindicais, essas peculiaridades precisam ser superadas para que se possa atribuir qualquer legitimidade aos sindicatos nesse modelo de co-gestão das políticas estatais.

Como se argumentou em outra passagem, negar a interferência dos movimentos operários e, em vista disso, das organizações sindicais na conquista de vários direitos sociais e de sua importância como forte e atuante ator social, seria o mesmo que negar a própria história dessas entidades. Sem a resistência dos sindicatos a regulação política e jurídica provavelmente não teria a mesma contemporaneidade de direito, estado e democracia[88].

Mister o registro nesse contexto que as origens e postulações das organizações de trabalhadores e empresários se encontram em polos totalmente distintos, seja na tratativa direta entre eles ou mesmo na relação de co-participação com o Estado. Enquanto as organizações sindicais profissionais (de trabalhadores) se originaram de uma resistência ao contra-poder, postulando de toda ordem melhores condições de vida aos trabalhadores (seja no trato com as empresas ou então com o próprio Estado); o surgimento e a postura das organizações sindicais de empregadores ocorreu em contexto e propósitos inicialmente distantes dessa realidade. A criação dos sindicatos (em todos os níveis) de empresários se verificou historicamente por imposição do Estado diante da ausência de prerrogativas de representação classista, e depois para balizar as relações com as organizações de trabalhadores. Não houve, no marco inicial da década de trinta a criação de forma espontânea dos sindicatos patronais para defender os interesses e direitos de seus representados na forma de reivindicação, mas justamente como contra-posição aos movimentos operários.

---
(88) SCHIER, Adriana da Costa Ricardo. Ob. cit., p. 64-65.

Historicamente, as organizações sindicais de empregadores sempre guardaram uma outra co-relação de forças[89].

No contexto brasileiro cujo fomento das organizações sindicais ocorre no início da década de trinta, lembra Angela Maria Carneiro Araújo[90] que:

> ... o empresariado industrial desenvolveu um padrão de representação de interesses e de atuação política baseado fundamentalmente em suas associações de classe autônomas, que pode ser qualificado como um tipo de 'corporativismo privado'. (...) O empresariado reagiu à implantação da organização corporativa das classes de modo diferenciado. Foi possível identificar duas posições distintas entre seus setores organizados: de um lado, os que recusavam os aspectos corporativistas da estrutura sindical, em nome de princípios liberais — caso das Associações Comerciais e de setor do Centro Industrial do Brasil (RJ) —, de outro, os que aderiram imediatamente, não só buscando logo a oficialização de suas associações como se engajando numa campanha de arregimentação de segmentos não organizados do patronato, visando a sua sindicalização oficial — caso do CIFT-SP, do CIFTA-RJ e do CIESP.

Se apresentam ao longo dos anos como fortes interlocutores na política desenvolvimentista de um país, postulando benefícios como empréstimos e investimentos subsidiados, maior dinamização nas relações comerciais (de exportação) com os demais países, diminuição de impostos na produção e comercialização de produtos, dentre outros.

Sob esse enfoque é que se reputa acerca da importância e necessidade não só da participação das organizações sindicais no cenário político nacional, em nível de colaboração e tomada de decisões, mas também de algumas prescrições que são inerentes à sua existência e atuação. Mesmo que dentro de um país de regime minimamente democrático, a liberdade e a autonomia das organizações sindicais se traduzem como condições imprescindíveis na respectiva atuação, inclusive como modo de reforçar sua nova missão frente ao mundo globalizado, em função dos efeitos que essa abertura de mercado ocasiona naturalmente junto a sociedade produtiva, principalmente em países de economia em vias de desenvolvimento.

3.1. A necessária liberdade e autonomia sindicais

Dentro dos limites desse trabalho não se tem por objeto traçar um panorama extensivo acerca do fenômeno da liberdade e autonomia sindicais, principalmente porque devidamente abordados por quem mais se dedica ao assunto[91]. Nesta via e pelo consenso admitido, a respectiva abordagem se direcionará somente para identificar essas premissas.

---

(89) POTOBSKY, Geraldo von. Las organizaciones sindicales. In: Las Relaciones Colectivas de Trabajo em América Latina, p. 25-50.
(90) ARAÚJO, Angela Maria Carneiro. Ob. cit., p. 38-39.
(91) GIUGNI, Gino. Direito Sindical, p. 46-58. MAZZONI, Giuliano. Relações Coletivas de Trabalho, p. 39-104. VENEZIANI, Bruno. Stato e Autonomia Colletiva. Diritto sindacale italiano e comparato, p. 129-192. SIQUEIRA NETO, José Francisco. Liberdade..., ob. cit., p. 29-134.

O tema da liberdade sindical (que resulta igualmente na autonomia) é preocupação constante da mais especializada doutrina. Sua importância na vida das organizações sindicais (de trabalhadores e empresários) é tema de relevo e guarda obrigatória vinculação com sua própria existência. Tanto isso é verdade que a própria Organização Internacional do Trabalho (OIT) dedica a sua Convenção n. 87 exclusivamente a essa questão; bem como em sua "Declaração de Princípios e Direitos Fundamentais dos Trabalhadores" aprovada em 1998, adota explicitamente como um de seus quatro princípios (por sinal o primeiro no respectivo rol) o da liberdade sindical e o reconhecimento efetivo do direito de negociação coletiva.

Embora se entenda necessária a inserção da liberdade sindical no ordenamento jurídico estatal[92], no caso Brasil ainda não temos uma liberdade sindical plena. A atual organização sindical brasileira concebida no verticalismo da representação por categorias, muito embora ao consagrar a vedação da interferência estatal na administração e organização dos sindicatos (art. 8º da Constituição Federal), ainda mantém sob sua batuta questões como a necessidade de registro oficial junto ao Ministério do Trabalho e Emprego; unicidade da representação classista a partir de uma base territorial especificada; limitação do número de dirigentes sindicais com direito a estabilidade; e o condicionamento da cobrança da contribuição sindical compulsória, dentre outros pormenores, o que não se coaduna com uma efetiva liberdade sindical. Esse modelo lastreado no corporativismo italiano, conforme explicitado em outro momento deste trabalho, revela que a necessária liberdade como a autonomia dos sindicatos não se encontram devidamente contempladas integralmente pela ordem jurídica pátria. Temos sim um sistema que contempla uma relativa liberdade e autonomia na relação com os sindicatos.

Para se entender melhor adota-se a concepção do fenômeno da liberdade sindical apresentada com a devida amplitude pelo professor José Francisco Siqueira Neto[93], esclarecendo que se trata de:

> ... direito histórico decorrente do reconhecimento por parte do Estado, do direito de associação, que posteriormente adquiriu a qualidade de um dos direitos fundamentais do homem, conferido a trabalhadores, empregadores, e por respectivas organizações, consistente no amplo direito, em relação ao Estado e às contrapartes, de constituição de organizações sindicais em sentido teleológico (comissões, delegados...) em todos os níveis e âmbitos territoriais, de filiação e não filiação sindical, de militância e ação, inclusive nos locais de trabalho, gerador da autonomia coletiva, preservado mediante a sua garantia contra todo e qualquer ato voltado a impedir ou a obstacularizar o exercício dos direitos a ele inerentes, ou de outros a ele conexos, instituto nuclear do Direito do Trabalho, instrumentalizador da efetiva atuação e participação democrática dos atores sociais nas relações de trabalho, em todas as suas esferas, econômicas, sociais, administrativas pública.

---

(92) MAZZONI, Giuliano. *Ibidem*, p. 40.
(93) SIQUEIRA NETO, José Francisco. *Ibidem*, p. 133-134.

O próprio conceito acima reproduzido fala por si mesmo quando se propõe a qualquer justificativa acerca da necessidade das organizações sindicais possuírem uma irrestrita liberdade sindical[94], a qual, de preferência, deva ser prestigiada no regime jurídico de um determinado país. Sua finalidade precípua é a de viabilizar o surgimento e o funcionamento de organizações sindicais livres e autônomas em relação ao próprio Estado (e à sua contraparte), possibilitando desta maneira o equilíbrio nas relações de poder, resultando na dinamização do diálogo social em qualquer grau[95]. E, como corolário lógico da liberdade sindical surge a autonomia dessas organizações nas suas mais variadas relações, principalmente com o Estado.

Tomando como exemplo o modelo sindical brasileiro corporativista — muito embora algumas de suas características tenha sido no sentido de promover uma inclusão das organizações sindicais no cenário político nacional quando de sua formatação jurídica[96] —, surgiria a dúvida se a propalada autonomia das organizações sindicais estaria sendo limitada, se nosso ordenamento estaria compassado ou não com o que se entende da autonomia das organizações sindicais (autonomia organizativa, estatutária, de enquadramento, negocial, administrativa e de autogoverno). Giuliano Mazzoni[97] traça de forma precisa os contornos gerais da autonomia sindical destacando que:

> Quando dizemos que os sindicatos surgem como associações dotadas de autonomia, não nos referimos a determinado tipo de sindicato, juridicamente regulado, mas às sociedades naturais e espontâneas, estimuladas na sua formação pela comunidade de interesses morais, econômicos ou sociais (...). A autonomia sindical surge no mesmo momento da constituição destas sociedades naturais: subjetivamente, pode ser compreendida como o poder, que apresenta uma dada coletividade de pessoas, colocadas no mesmos status profissional ou em comunidade de interesses, de adjudicar-se um ordenamento, um estatuto, visualizar fins e tentar obtê-los, sem que, com isso, se dê lugar, necessariamente, a um ente dotado de personalidade jurídica. A autonomia sindical tem, além disso, outro significado bem preciso: objetivamente, pode ser entendida como o próprio ordenamento sindical, ou por outra, a particularidade deste ordenamento, se confrontado com o de outras associações de fato ou com o de entes reconhecidos pelo ordenamento jurídico do Estado.

Analisando as concepções supra apontadas e do quanto fora exposto no capítulo anterior, diante do sistema confederativo que regula o aparelhamento sindical brasileiro, podemos afirmar com clareza que as limitações impostas pelo ordenamento jurídico estatal às organizações sindicais acaba privando as da irrestrita liberdade e autonomia sindicais. Contudo, o que mais inviabiliza essas prerrogativas sindicais se cinge no aspecto da representação classista, da unicidade de representação. De todo modo, entendemos que

---

(94) O fato de ser irrestrita não quer dizer fora dos limites legais, mas tão somente que a lei não imponha limites na sua gestão e organização.
(95) SIQUEIRA NETO, José Francisco. *Ibidem*, p. 81.
(96) ARAÚJO, Ângela Maria Carneiro. Ob. cit., p. 46-57.
(97) MAZZONI, Giuliano. *Ibidem*, p. 65-66.

essa limitação, ao menos no caso brasileiro, não desnaturaria a legitimidade e atuação das organizações sindicais no contexto de co-responsáveis com o Estado nas deliberações a que são chamadas a tomar parte[98].

Talvez até pelo fato de um sólido regime democrático previsto constitucionalmente e que absorve o país condicionaria a uma minimização dos efeitos da restrição estatal se voltar principalmente quanto à unicidade de representação e a consequente ausência da pluralidade no sistema sindical — não que essa atenuante seja aceitável. É resultado lógico do sistema que em regimes antidemocráticos a restrição à liberdade e atividade sindicais seria uma consequência óbvia. A história, principalmente na América do Sul fala por si mesma. A partir dos golpes e regimes militares instaurados, imediatamente se restringiu à atividade das organizações sindicais. Com o restabelecimento da democracia, as organizações sindicais restauram sua atuação, vitalidade e influência[99]. Não se trata de uma vertente absoluta, mas que melhor se enquadra nos cenários políticos da atualidade, cujo maior grau de autonomia das organizações sindicais se dá naqueles regimes políticos de democracia representativa com ampliada participação dos grupos sociais[100].

Importante assinalar de todo modo ser vital que o reconhecimento da liberdade sindical e autonomia desses sindicatos se encontrem inseridas no arcabouço dos direitos sociais, os quais hoje em dia se mostram obrigatórios nas constituições das sociedades modernas[101], justamente para que seja contemplada uma irrestrita atuação das organizações sindicais nos interesses não só do grupo, mas principalmente autonomia perante o ente estatal quando o assunto se revela de caráter geral, de interesse da sociedade.

3.2. Concertação social e neocorporativismo. A participação dos sindicatos

Toda vez que se admite um panorama de ampla discussão de implantação de políticas públicas de responsabilidade do Estado e se admite a colaboração dos grupos sociais, especialmente no caso aqui tratado com as organizações sindicais (de trabalhadores e empresários), surge naturalmente a prevalência de dois fenômenos, que se confundem mas possuem nomenclaturas distintas. São de fato vislumbrados em função da restauração

---

(98) *"Naturalmente que en um sistema de libertad sindical es importante fijar el sistema por el cual el sindicato adquiere personalidad jurídica y capacidad de obrar, sin que en consecuencia en este mecanismo se puedan insertar intervenciones lesivas de la autonomía sindical. (...) Se prohibe así 'la interferencia pública, la indebida intromisión estatal en el funcionamiento del sindicato, coartando, condicionando o controlando de cualquier forma su libertad de organizarse y de formular su programa de acción'. (...) El ejercicio de la actividad sindical, en efecto, comprenderá 'en todo caso', el derecho a la negociación colectiva, el ejercicio del derecho de huelga, el planteamiento de conflictos individuales y colectivos y la presentación de candidaturas para la elección de comités de empresa y delegados de personal y de los correspondientes órganos de las Administraciones Públicas en los términos previstos em las normas correspondientes".* GRAU, Antonio Baylos. *Sindicalismo y Derecho Sindical*, p. 19-20.

(99) RODRIGUEZ, Américo Plá. Ob. cit., p. 178.

(100) *"Si bien el mayor grado de autonomia colectiva se da en aquellos regímenes políticos de democracia representativa con participación ampliada, a veces existen regímenes populistas que aunque autoritários en lo político puedem ser democráticos em lo social. Por eso, afirma que el esquema Democracia representativa — Autoritarismo político no es la única dicotomia que debe tomarse em cuenta sino que tambien el fenômeno del populismo y la cuestión de la participación y movilización em la democracia representativa."* RODRIGUEZ, Américo Plá. *Ibidem*, p. 179.

(101) GRAU, Antonio Baylos. *Ibidem*, p. 7.

da situação política, econômica e social em si e os procedimentos (de diálogo social) visando essa restauração (concertação social)[102]; e à própria maneira de se proceder do Estado em relação à sociedade (neocorporativismo). Cientificamente esses fenômenos de "concertação social" e "neocorporativismo" se mostram presentes na pauta de toda nação moderna e com democracia avançada, necessários quando o assunto é a relação do Poder com os atores sociais, dentre eles as organizações sindicais.

A elaboração de pactos ínsitos a uma política de concertação social parte do pressuposto preliminar da concepção de políticas de governo favoráveis a essa modalidade de gestão. Somente tendo como antecedente uma politização das relações entre os setores sociais organizados (dentre eles se compreende as organizações sindicais) e uma ação partidária e parlamentária consequentemente ativa em volta da regulação socioeconômica é que se chega a processos efetivos de concertação social[103]. A predisposição do Estado para a implantação de políticas concertadas com a sociedade civil se constitui em condição prévia e imprescindível para que esse fenômeno político se concretize.

A preocupação de maior incrementação do diálogo social nas relações entre as organizações sindicais e o Estado, inclusive, foi questão de justificativa da Organização Internacional do Trabalho — OIT quando em 1998 adotou sua Declaração no que diz respeito aos Princípios e Direitos Fundamentais no Trabalho, consignando em seu preâmbulo que "(...) *o crescimento econômico é essencial, mas ele não é suficiente para assegurar a equidade, o progresso social e a erradicação da pobreza, e isto confirma a necessidade da OIT de promover políticas sociais sólidas, a justiça e as instituições democráticas*". A OIT com essa diretriz somente veio a confirmar a necessidade do diálogo social como fio condutor de soluções democráticas.

A noção, todavia, de concertação social e ou neocorporativismo parte do pressuposto da necessidade da participação (política) das forças produtivas da nação e ou dos atores sociais integrantes da sociedade civil, com vistas à deliberação e definição de linhas de atuação e aplicação da política desenvolvimentista do governo, além da fixação de parâmetros mais abrangentes da negociação coletiva respectiva. Segundo M-Carlos Palomeque Lopez[104], a concertação social:

> ... *es un processo de interrelación o de 'intercambio político' entre Estado y autonomia colectiva como respuesta a las exigencias de gobernabilidad de las sociedades complejas y correcion del esquema constitucional clássico procedente de la tradición liberal (gobierno privado, neocorporativismo). El gobierno, através de este proceso de diálogo y acuerdo con las organizaciones sindicales y empresariales representativas em torno a los grandes temas de política econômica*

---

(102) "Michel Despaux alude a seu turno a um quadro de política de 'concertation sociale', em que o governo ao invés de impor a sua vontade procura sempre que possível governar de acordo com as classes sociais". MAGANO. Octavio Bueno. *Apud* DESPAUX, Michel. Le Syndicat dans la Vie Juridique. *In: Em hommage à Paul Horion*. Liège, Faculté de Droit de Liège, 1972. p. 188.

(103) SANTOS, Mario R. dos. Pactos em la crisis. Uma reflexión regional sobre la construcción de la democracia. *In: Concertación Político-Social y Democratización*, p. 15-26.

(104) LOPEZ, M-Carlos Palomeque. *Derecho Sindical Español*, p. 438.

y social, consigue el consenso y la legitimación de la decisión, no a través del trámite parlamentario (sin prejuicio de que se requiera em ocasiones la traducción legislativa del acuerdo), sino directamente sobre el 'mercado social'."

Em síntese, se trata de um compromisso programático, a princípio sem previsão no ordenamento jurídico, entre o Executivo e os atores sociais, com a finalidade de ordenar e regular as relações econômicas e sociais[105].

É fato, entretanto, que o estabelecimento dessa inter-relação entre Estado e organizações sindicais, no caso específico dessa abordagem, não se instaura em momentos de calmaria na vida de um país. A história nos mostra que essa diretriz somente veio a lume em momentos de necessidade geral da sociedade, em virtude de crises políticas e econômicas que até então dificultavam a governabilidade e o desenvolvimento da sociedade e que partiam do pressuposto de um consenso social para seu enfrentamento. Daí que estabelecidas as condições de ajustes a partir de uma expectativa de consenso social[106] e, com o êxito final das tratativas, nesse cenário os beneficiários são todos, Estado e sociedade civil.

Em um ambiente de estímulo e necessidade da concertação social concluímos que esse modelo somente traria maiores resultados e o consenso (aqui também reside a questão da legitimidade) quando vinculada a uma nação democrática. Em regimes exclusivamente autoritários e corporativistas a própria atuação desses atores sociais (no caso as organizações sindicais) restaria totalmente comprometida, ante um ambiente desfavorável de liberdade e autonomia sindicais.

Das crises políticas e econômicas que afetaram diretamente esse ou aquele país iniciou se o consenso entre o Estado e as forças produtivas para traçarem planos e estratégias comuns (concertação social), visando a anulação ou mesmo minimização dos impactos negativos ocasionados por essas situações. Esse novo cenário mundial impeliu

---

(105) AVILÉS, Antonio Ojeda. *Apud* PIZZORNO. Scambio político e identita colletiva nel conflitto di classe. *In: Derecho Sindical*, p. 243.

(106) *"Pero la cuestión fundamental em la concertación gira en torno a quién sale beneficiado por ella; los empresários se muestran reticentes a comprometerse en otorgar un poder tan fuerte a los sindicatos, mientras los trabajadores y sindicatos recelan de unos acuerdos que limitan los incrementos salariales y amordazan la acción directa. Para resolver la cuestión, preciso será analizar los resultados obtenidos por el mecanismo:*

1º Buenos resultados contra la inflación, (...).

2º Relativa eficacia frente a la conflictividad, dependiendo del realismo del pacto em la cumbre (...).

3º Escasa eficacia en el resto. Parece como si la concertación persiguiera uno o dos grandes objetivos, y lo demás se redujera a maquillar el pacto frente a la opinión pública y los afiliados.

4º Estímulos y objetivos fuera del pacto, tan importantes como los expresados em el mismo. Así las subvenciones del Estado a los sindicatos para obtener la firma de Acuerdos, o la finalidad tácita de facilitar la hegemonia a una de las centrales sindicales em liza y desfondar la central más radical, se hallan detrás de todo el neocorporativismo español u de su relativo fracaso.

5º Peligroso debilitamento del sindicalismo, al perder su razón de ser los sindicatos de base. Si el Acuerdo em la cumbre determina ya cuál va a ser la banda salaria uya los aspectos sustanciales de la negociación colectiva em el país, sobran casi las determinaciones posteriores y surge el empobrecimiento de los convênios y la abulia de los afiliados, combatido en nuestro país com facilidades legales al sindicalismo en la empresa (LOLS)." AVILÉS, Antonio Ojeda. Ob. cit., p. 241-242.

as organizações sindicais a redimensionarem suas atividades, voltando suas políticas de atuação não só para o plano da defesa e interesse dos grupos que representam, mas também como decisivo ator social no auxílio das políticas públicas de responsabilidade do Estado.

Atualmente as reivindicações das organizações sindicais se encontram num patamar muito mais complexo, precisamente porque possuem total interesse na definição dos rumos das políticas (econômicas e sociais) do país. Porque diante de novos desafios institucionais, pretendem acrescentar sua capacidade de intervenção sobre o sistema político donde dependem as grandes decisões políticas de natureza econômica e social. O atual papel das organizações sindicais fora muito bem retratado por Maria Nieves Moreno Vida[107]:

> "Todo ello desemboca en um doble papel, evidentemente interrelacionado, que cumple el sindicato em las sociedades modernas: 1. como instrumento de representación colectiva y directa de los trabajadores (su tradicional actuación em la tutela del trabajador em la empresa y su papel meramente 'económico') y 2. como instancia de participación en la constitución del sistema político (como 'instrumento de programación del desarrollo y de gobierno y de control de la riqueza pública y como portador de un proyecto político de largo alcance). Más exactamente, el sindicato cumple uma doble función: como agente econômico negociador y como vehículo de participación social y política em todos los âmbitos de la sociedad".

Embora num primeiro momento se fazer referência apenas a sindicatos profissionais, não resta dúvida que no caso brasileiro essas premissas se inserem no contexto de ambos os lados, das organizações sindicais de empresários e de trabalhadores.

Para se ajustar às novas realidades e demandas da sociedade como um todo é que as organizações sindicais evoluíram na sua sistemática de atuação. A doutrina científica se volta agora para essa "nova" modalidade da relação entre o Estado e os demais atores sociais pertencentes a sociedade civil. O "neocorporativismo", ou seja, o passo além da política de gestão administrativa ante a velha concepção corporativa destinada à clássica relação do controle do poder sobre as corporações, em especial com as organizações sindicais, impulsiona esse cenário político de relações institucionais.

No contexto da Comunidade Europeia a relevância e atualidade desses fenômenos, obrigatoriamente associada ao consenso social, foi devidamente abordada pelo professor Jorge Ruben Biton Tapia[108], onde para o estudioso a:

> ... concertação como modo de policy making ganhou relevância em diversos países. As práticas de concertação seriam uma resposta diante da fase de incerteza vivida pelos estados-membros dentro do processo de unificação regional, seja em termos da política social, seja quanto às necessidades políticas.

---

(107) VIDA, Maria Nieves Moreno. Ob. cit., p. 35-36.
(108) TAPIA, Jorge Ruben Biton. Desenvolvimento local, concertação social e governança: a experiência dos pactos territoriais na Itália. In: São Paulo em Perspectiva. vol. 19, n. 1. Disponível em: <www.scielo.br/scielo.php?script=sci_arttex&pid=S0102-88392005000100012&lng=pt&nrm=iso> Acesso em: 4 nov. 2008.

Nesse quadro, a produção de consenso seria uma estratégia vista como do tipo *win win* capaz de reduzir as incertezas e de assegurar um acordo mínimo sobre os grandes temas da agenda do desenvolvimento. Particularmente, as experiências de concertação descentralizada ou de pactos territoriais correspondem a processos de *institutional building* fortemente ancorados na ação concertada, envolvendo uma pluralidade de atores sociais, públicos e privados. Esses atores coletivos têm sido responsáveis pela construção simultânea de instituições e de *policies*.

O fenômeno da concertação social ou mesmo do neocorporativismo implica em mecanismos de ajustes que se denominam "pactos sociais". Nesse particular quer se dizer acordos no mais das vezes de cunho tripartite (em especial entre o Estado, organizações sindicais de trabalhadores e empregadores) acerca de aspectos importantes da vida política, econômica, social e cultural de um país[109].

Na doutrina especializada a concepção de pactos sociais pode obedecer a critérios que vinculam não só as características dos atores sociais envolvidos, como também a própria finalidade do pacto objetivado. Essa distinção foi abordada de forma peculiar pelo professor Antonio Rodrigues de Freitas Júnior[110] que ao se debruçar sobre essa premissa aduziu que:

> Esta operação tende a obedecer a dois diferentes e principais critérios. Um primeiro critério, subjetivo, pelo qual são separadas conforme as partes que os estipulam. Por este critério, será possível chamar de pactos sociais de caráter político aqueles estipulados por agremiações partidárias, por pactos sociais em sentido próprio aqueles estipulados por sindicatos, empresários, com ou sem a participação do Estado , e por pactos constitucionais aqueles firmados entre os representantes investidos no poder de estabelecer as normas fundamentais que regem o convívio social e o sistema político. (...)
>
> Já um segundo critério tende a enfatizar as distinções sob o ângulo objetivo, ou seja, sob o ponto de vista do conteúdo dos entendimentos, independentemente das partes que porventura os estipulem. Seguindo este critério pode-se falar em pactos políticos para designar aqueles que se ocupam predominantemente da estipulação de regras referentes ao sistema político (forma de governo, regime político, organização partidária, sistema eleitoral, Liberdades Públicas etc.), bem como em pactos sociais em sentido próprio referindo-se àqueles que versam sobre matéria socioeconômica (assim sobre o regime de seguridade ou previdência, política salarial, de emprego, industrial, fiscal etc.).

Apesar do acatamento à distinção explicitada pelo professor Freitas Jr., adota se neste trabalho o sentido de pacto social de forma ampla, para se vincular ao negócio jurídico

---

(109) "Um pacto pode ser definido como um acordo explícito, mas nem sempre publicamente explicado ou justificado, entre um conjunto de atores, na busca de definir (ou redefinir) regras cujo sentido orienta seu comportamento político com base em garantias mútuas relativas aos 'interesses vitais' dos participantes no pacto." SCHMITTER, Phillippe C.; O'DONNEL, Guillermo. Ob. cit., p. 67.

(110) FREITAS JR., Antonio Rodrigues de. *Conteúdo dos Pactos Sociais. Apud* Efrén Córdova, p. 21-22.

estabelecido pelo Estado e com a participação das organizações sindicais em qualquer nível e assunto que seja promovido.

Dentro dessa perspectiva de atuação é que o atual sindicalismo ganha nova interpretação. As organizações sindicais passam aos olhos da sociedade civil a serem interpretadas como sujeitos sociopolíticos, a partir do momento que intervém, de certo modo, no funcionamento das decisões políticas a que são instados a participar. O direito de participação política das organizações sindicais é nítido em situações dessa magnitude, ganhando força desde as últimas décadas, sendo praticado no contexto político das sociedades contemporâneas, com ou sem previsão em seu ordenamento jurídico.

A título de exemplo podemos citar os Pactos de Moncloa realizados na Espanha ainda na década de setenta; bem como aqueles outros de idêntica natureza e praticados na Itália, todos eles estabelecendo uma relação direta de estratégias políticas entre Estado e as organizações sindicais de empresários e trabalhadores. Esses dois exemplos da Espanha e Itália inauguraram essa nova fase das relações do Estado e as organizações sindicais, projetando atualmente o que se concebe por neocorporativismo e concertação social.

3.2.1. O caso espanhol

Provavelmente o pacto social que de um lado teve como partícipe o Estado (e em um segundo momento os empresários) e, na outra ponta, não só os partidos políticos mas também e com forte influência as organizações sindicais de trabalhadores (as respectivas centrais sindicais profissionais espanholas) recentemente reconhecidas pelo novo governo espanhol, foi a primeira grande experiência a respeito do estabelecimento da concertação social ou neocorporativismo[111]. E mais uma vez, essa ampla negociação se estabeleceu a partir da ruptura com a ditadura, dando o passo inicial para redemocratização no país. Ocorreram anteriormente casos similares na Noruega e Áustria, mas que não ganharam a dimensão e a projeção do modelo espanhol.

Dentro de uma sociedade plural tal como se iniciava a Espanha a partir do Governo de Suárez a partir das eleições de 1977, onde, em decorrência da grave crise política, econômica e social em que atravessava o país se deu a ideia preliminar de um pacto social, envolvendo toda a classe política e produtiva espanhola. Por certo que o consenso necessário nesse episódio se daria com a chancela da maioria dos atores sociais envolvidos, e não com a absoluta concordância daqueles.

A regra democrática admite a divergência de ideais e filosofias, se contenta, justificadamente, que a decisão da maioria seja acolhida.

A experiência da concertação social trazida pela Espanha foi batizada como "Pactos de Moncloa[112]", e resultou em acordos de âmbito nacional entre o Governo espanhol, representado pelo seu presidente Adolfo Suárez, envolvendo não só os partidos políticos

---

(111) AVILÉS, Antonio Ojeda. Ob. cit., p. 239.
(112) Sede do Governo espanhol a época.

com assento no Congresso, como também as associações de empresários e as centrais sindicais de trabalhadores. O objetivo daquele pacto social foi o de procurar estabilizar todo o processo de transição do sistema democrático e, ainda mais, adotar uma nova estratégia política visando combater a grave crise econômica por que passava (com inflação progressiva que chegou a alcançar patamares da ordem de 47% a.m.).

A preocupação do Estado espanhol era justamente evitar que a crescente crise econômica, que até então tinha sido calcada por uma galopante inflação chegasse a números extravagantes e incontornáveis (hiperinflação). A primeira barreira foi dar nova forma às tratativas com o empresariado, acostumado até então com o corporativismo e todo o tipo de intromissão praticado no regime anterior nas relações sociais e econômicas. A nova situação política partia de pressupostos de negociação com novos atores sociais, em especial as organizações sindicais (centrais sindicais), sempre pautadas pelas suas ações reivindicatórias.

A estratégia governamental foi a de obter ao menos o apoio da maioria do Congresso nas suas medidas de combate à crise; bem como se encarregar de promover intensos diálogos com as organizações sindicais do país, com o intuito de se evitar um maior conflito social além do que a situação permitia[113].

Ao cabo foram celebrados acordos na seara política e econômica. As organizações sindicais e o empresariado tiveram forte participação no campo econômico. Foram celebrados pactos envolvendo questões relativas à nova regulamentação acerca da liberdade de imprensa; aprovou-se minimamente os direitos de reunião, associação política e liberdade de expressão; garantiu-se a dispensa imotivada de trabalhadores limitadas a cinco por cento da força produtiva da empresa; garantiu-se o direito de associação sindical; fixou-se um aumento salarial pouco abaixo da inflação medida; desvalorização da moeda nacional para adequá-la ao mercado externo; reforma tributária; além de medidas de controle financeiro pelo Governo face a potencial quebra de instituições financeiras, o que iniciaria uma forte fuga de capitais para o exterior.

Todos os acordos estabelecidos nos "Pactos de Moncloa" tiveram a chancela do Congresso e, ao final do Senado, vindo a ser inseridos na Constituição espanhola de 1978. Em sentido contrário às agremiações patronais, somente as centrais sindicais UGT e CCOO firmaram sua anuência aos referidos acordos nacionais, com a omissão ou mesmo rejeição expressa das demais centrais e sindicatos menores.

O marco dessa concertação social junto à história do sindicalismo foi a imposição de uma nova forma de atuar (do confronto à colaboração em nível de participação política). Frente a uma crise sem precedentes na história política e econômica da Espanha, as organizações sindicais se viram diante do dilema de abdicar de algumas garantias e direitos dos trabalhadores em benefício de toda a sociedade.

---

(113) PERARNAU, Lluís. *Los Pactos de la Moncloa*. Disponível em: <http//:www.elmilitante.org/elmilt142/pact_142.htm> Acesso em: 19 nov. 2007.

3.2.2. O caso italiano

A concertação social no caso da Itália ocorreu nos anos noventa, mais uma vez diante de uma crise econômica pela qual passava naquele período e, também em função da necessidade de readequação dos direitos sociais, em especial dos trabalhadores, com vistas à inserção do país na União Europeia, ante as exigências do Tratado de Maastricht.

O curioso é que o modelo de concertação social adotada pela Itália não ocorreu somente no plano nacional, mas também no aspecto local, em regiões como Toscana, Emilio Rogmana, Veneto, dentre outras, cada qual com um resultado diferente ao final das tratativas. A participação dos atores sociais com o Governo observava as características de representação social em cada região. Não havia, como no caso espanhol, um desenho da concertação social praticada a partir do âmbito nacional.

A concertação social italiana do nível local para o nacional, entretanto, encontrou algumas imperfeições em relação ao seu resultado final. A estratégia descentralizada encontrou vários limites em função da autonomia disposta nas regiões do país. Em virtude disso, modestos os resultados e algumas políticas acabaram não sendo viabilizadas a contento. De todo modo, o que se verificou foi mais uma alternativa da prática de concertação social, a partir do necessário diálogo social[114].

Além dos casos da Espanha e Itália, outros países (de democracia desenvolvida) adotaram a prática da concertação social, pela nova postura estatal em relação aos atores sociais (neocorporativismo). Na União Europeia os contratos coletivos são utilizados como fonte de normatização comunitária[115]. Em Portugal, desde 1991 existe legalmente uma Comissão Permanente de Concertação Social (Lei n. 108/91). No Governo francês as organizações sindicais possuem forte participação nos assuntos relativos a serviços de emprego e desemprego de responsabilidade do Estado[116].

O neocorporativismo adotado pelo Estado pós moderno, ao passo que propicia um intenso diálogo social desemboca naturalmente na necessidade da prática de concertação social, realizando distintos pactos, cuja finalidade importa na reestruturação e reorganização das políticas públicas. Em decorrência, demonstra a força que a participação política, principalmente das organizações sindicais, detém em situações dessa magnitude.

---

(114) TAPIA, Jorge Ruben Biton. Ob. cit.
(115) AROUCA, José Carlos. *O Sindicato...*, ob. cit., p. 963.
(116) AROUCA, José Carlos. *Ibidem*, p. 969.

Capítulo 4
A Constituição Federal de 1988 e a Participação Política das Organizações Sindicais

A cidadania que se espera para este século terá de se sobrepor àquela imaginada no século passado, ultrapassando assim a síntese entre a cidadania cívica e a política.

A exigência de uma nova politização da sociedade civil depende do compasso entre a cidadania social e a política. Essa dualidade, também entendemos, somente poderá ser obtida com a participação de novos sujeitos sociais, novas proposições e que apostem no processo transformador das instituições e da sociedade, e que se estimule a ampla participação dos indivíduos e daqueles grupos sociais organizados, em especial das organizações sindicais[117].

As organizações sindicais, entretanto e em qualquer nível em que estejam agrupadas e mesmo ainda que observadas essas ou aquelas disposições do respectivo sistema jurídico nacional, dependem de um espírito de liberdades civis que é próprio do regime democrático, para que possam desenvolver com amplitude suas atividades e atribuições. Grosso modo a atuação dos sindicatos pode ser dimensionada em três modalidades distintas: (1) na ajuda mútua, criando mecanismos de proteção, cooperação e auxílio recíprocos; (2) na representação classista (de empresários e de trabalhadores) para a defesa dos direitos e interesses visando a promoção dos mesmos; e (3) no esforço concentrado para a transformação e desenvolvimento da sociedade para que esta se organize em bases mais sólidas e justas. Essa última modalidade que somente subiste em sociedades democráticas ainda pode se subdividir em duas outras grandes vertentes ou mesmo funções: a participação das organizações sindicais na vida estatal e a atividade política desses atores sociais[118].

A doutrina brasileira tem reconhecido com maior ou menor variedade de modalidades que as funções sindicais podem ser enumeradas em *função regulamentar; econômica; política; assistencial; ética; representação; negocial; assistencial; parafiscal*[119]. Mesmo diante dessa variabilidade de entendimentos, resta claro que a atividade política, como função também, é mais do que inerente à vida sindical. Essa conclusão parece quase uma obviedade ao passo que na luta constante para melhores condições de trabalho ou mesmo

---

(117) ESTANQUE, Elísio. *A questão social e a democracia no início do século XXI*. Participação cívica, desigualdades sociais e sindicalismo. Disponível em: <http://boasociedade.blogspot.com> Acesso em: 12 set. 2008.
(118) RODRIGUEZ, Américo Plá. Ob. cit., p. 187-188.
(119) MAGANO, Octavio Bueno. Ob. cit., p. 178-190. MEIRELES, Edilton. Funções do Sindicato (das entidades sindicais). *Revista LTr*, São Paulo, vol. 65, n. 03, p. 299-307, mar. 2001. NASCIMENTO, Amauri Mascaro. *Direito...*, ob. cit., p. 199-206.

de interesses empresariais (envolvendo emprego, melhores condições de vida, estímulos a exportações etc.) as organizações sindicais somente alcançariam esse desiderato pela atuação política[120].

Principalmente porque a partir da nova concepção neocorporativista, forçoso reconhecer que as organizações sindicais de forma alguma podem viver à margem do Estado e da sociedade[121]. E, nas democracias pluralistas, como no caso Brasil, a consagração da atividade desses atores sociais demanda o reconhecimento da respectiva participação (formal ou informal) nos órgãos públicos onde se deliberam e se discutam questões voltadas aos interesses de seus representados e da sociedade como um todo; na valorização da negociação como pré-requisito do diálogo social. Enfim, como já foi dito, *"no direito ao conflito como pressuposto da 'convergência voluntária'*[122].

A redemocratização brasileira marcada de forma mais concreta com a promulgação da Constituição Federal em 1988, dentro do espírito democrático a que alude, refere-se expressamente à concretização da função política das organizações sindicais no momento em que prescreve em seu art. 10 o seguinte: *"É assegurada a participação dos trabalhadores e empregadores nos colegiados dos órgãos públicos em que seus interesses profissionais ou previdenciários sejam objeto de discussão e deliberação".*

A norma constitucional em análise e, que não encontra precedentes nessa modalidade em Constituições anteriores, possui alguns pontos que merecem maiores esclarecimentos. Dentro da construção redacional que lhe foi atribuída, o primeiro ponto é saber qual a natureza da "participação" de trabalhadores e empregadores que o constituinte pretendeu aplicar nessa norma constitucional (dentro de uma interpretação sistemática). Depois, de que forma se consolida essa participação. E ainda, quais seriam esses colegiados de órgãos públicos e, por fim, qual a dimensão próxima do que se pode conceber por interesses previdenciários e profissionais.

A participação a que se refere o art. 10 da Constituição Federal se remete aos colegiados (conselhos) de órgãos públicos, do Estado portanto. Ainda, possui uma destinação a assuntos envolvendo temas de políticas públicas, de interesse de toda a sociedade. Dentro desses pormenores, indissociável o caráter político dessa modalidade de participação, ao passo que envolve a modalidade da democracia participativa (ou semidireta).

Ao que tudo indica a Constituição somente veio a normatizar uma prática até então conhecida do aparelho burocrático do Estado. Desde a implantação do sistema sindical corporativista na década de trinta, alguns órgãos públicos já possuíam em seus colegiados (conselhos) a prerrogativa da participação paritária de empresários e empregadores, em regime de deliberação e cooperação com o Estado[123].

---

(120) MEIRELES, Edilton. *Ibidem*, p. 303.
(121) MAGANO, Octavio Bueno. *Ibidem*, p. 178.
(122) SIQUEIRA NETO, José Francisco. *Apud* PASSARELLI, Francesco Santoro. *Saggi di Diritto Civile*. vol. I. Liberdade ...,ob. cit., p. 59.
(123) AROUCA, José Carlos. *Repensando o Sindicato*, p. 388-390. MAGANO, Octavio Bueno, ob. cit., p. 76-77. SIQUEIRA NETO, José Francisco. *Direito...*, ob. cit., p. 59-62. SÜSSEKIND, Arnaldo. *Direito...*, ob. cit., p. 472.

Quando, entretanto, a norma constitucional se remete à nomenclatura de "colegiados" dos órgãos públicos, no atual contexto do aparelho burocrático estatal eles se encontram sob a denominação de "Conselhos". Colegiado, no caso, é gênero do qual os conselhos se inserem em uma de suas espécies.

Os conselhos em órgãos públicos foi obra do Direito Administrativo anglo saxão, através de suas *Comissions* e *Boards* de toda ordem. Esse modelo acabou se desenvolvendo mundo afora e no Brasil ganhou maior adesão a partir da década de cinquenta[124]. Trata-se, pois, de um instituto de participação estatal, com a faculdade de composição de pessoas físicas ou jurídicas da sociedade civil (dentre eles as organizações sindicais), cuja finalidade precípua é a de dar legitimidade na ação administrativa, reconhecendo se formalmente aos seus integrantes o direito de compor os órgãos de consulta ou de deliberação coletivos do Poder Público.

Possuem o mérito de servir de espaço de debates das questões de interesse da sociedade civil e, a rigor, podem prestar-se a instrumentalizar as mais diversas vozes sociais[125]. A instituição de conselhos em órgãos públicos possibilita não só maior dinamização das decisões em políticas públicas, como também confere maior participação da sociedade em assuntos que lhes dizem respeito diretamente[126].

Provavelmente o primeiro colegiado de órgão público com assento tripartite entre Estado e representantes de trabalhadores e empregadores que se tem notícia e, que se aproxima da atual formatação constitucional tenha sido o "Conselho Nacional do Trabalho", instituído pelo Decreto n. 16.027 de 30 de abril de 1923. Suas ações estavam voltadas a assuntos relativos à organização do trabalho e de previdência social, dentre elas questões afetas a jornada de trabalho; sistemas de remuneração; contratos coletivos de trabalho; modalidades de conciliação e arbitragem envolvendo questões laborais; acidentes do trabalho; seguros sociais, dentre outros. Sua instituição no âmbito nacional possui um relevo histórico e político porque além de criado em ambiente de fortes agitações sociais, esse órgão estatal foi criado também por influência do Tratado de Versalhes de 1919 (o qual originou a Organização Internacional do Trabalho), que abarcava como uma de suas recomendações aos países signatários do referido Tratado a edição de legislação específica envolvendo algumas prescrições consagradas pela Conferência da Paz, dentre as quais a de instituir um organismo burocrático para organizar a legislação trabalhista[127].

---

(124) MOREIRA NETO, Diogo de Figueiredo. Ob. cit., p. 130.

(125) AGUILLAR, Fernando Herren. Ob. cit., p. 219.

(126) "É certo que a experiência, tanto do moderno *Welfare State*, quanto dos sistemas socialistas, mostra que um fornecimento mais igualitário de serviços e uma disponibilidade mais igualitária de bens nem sempre encorajava níveis maiores de participação dos cidadãos — e podem levar a passividade da população, a estruturas clientelistas e à dependência unilateral com relação a especialistas e administradores. Inversamente, maiores níveis de participação em algumas instituições, através de estruturas como conselhos operários e fórum corporativos, podem resultar num aumento, e não numa redução, da desigualdade geral da distribuição de benefícios, tendo em vista que cada setor ou unidade busca obter os máximos retornos para si mesmo e repassar os custos para os outros setores e unidades". SCHMITTER, Philippe C.; O'DONNEL, Guillermo. Ob. cit., p. 32.

(127) SIQUEIRA NETO, José Francisco. *Ibidem*, p. 59-60.

Alguns exemplos desses conselhos tripartites, muito embora alguns já extintos ou com nova roupagem institucional, podem ser citados: *Conselho Consultivo de Emprego e Salário*[128]; *Conselho Nacional de Política Salarial*[129]; *Comissão Interministerial de Preços*[130]; *Conselho de Recursos da Previdência Social*[131]; *Conselho do Programa Especial de Bolsas de Estudo*[132]; *Comissão de Enquadramento Sindical*[133]; *Conselho Sindical de Colaboração da Inspeção do Trabalho*[134]; *Conselho Nacional de Trânsito*[135], *Conselho Monetário Nacional*[136], dentre outros.

Por esses exemplos se pode identificar a grande variedade de assuntos dos quais os prepostos das organizações sindicais deliberavam e decidiam com o Estado, demonstrando o alto grau de envolvimento nas mais diversas políticas estatais e de interesse de toda a sociedade civil.

A composição tripartite desses "conselhos", envolvendo o Estado e depois de forma paritária os representantes de empresários e trabalhadores possui sua razão de ser. Como bem salienta Fernando Herren Aguillar[137]:

> Um conselho que faça parte apenas uma das categorias interessadas é obviamente um conselho cujas deliberações serão facilmente objeto de vícios corporativistas. É desejável, no regime democrático, que integrem, portanto, os órgãos consultivos, as diversas entidades interessadas nas medidas, que apresentarão seus pareceres técnicos para confronto com eventuais opiniões em contrário. O peso relativo das categorias implicadas na deliberação é fundamental para apurar se há ou não equilíbrio nos critérios de decisão.

A outra finalidade dessa representação tripartite é também emprestar legitimidade às decisões que são tomadas naqueles organismos.

Os "conselhos" em órgãos públicos funcionam, portanto, como um fio condutor para as decisões e determinadas estratégias na aplicação de políticas públicas em benefício de toda sociedade, cuja composição tripartite lhe empresta, sobremaneira, não só uma maior participação da sociedade, como também acusa maior transparência nas deliberações e decisões que são tiradas.

Ainda dentro da redação da norma constitucional em apreço caberia aqui consideramos outra questão e que toca a qual processo se consolida para a escolha dos representantes do empresariado e dos trabalhadores nesses colegiados públicos (também em fóruns e demais espaços de diálogo social que possuam composição tripartite).

---

(128) Lei n. 4.589/64.
(129) Lei n. 5.617/70.
(130) Decreto n. 63.196/68.
(131) Art. 194 da Consolidação das Leis da Previdência Social — CLPS.
(132) Decreto n. 57.870/66.
(133) Art. 576 da Consolidação das Leis do Trabalho – CLT.
(134) Decreto n. 55.841/65.
(135) Decreto n. 62.127/68.
(136) Lei n. 6.045/74.
(137) AGUILLAR, Fernando Herren. Ob. cit., p. 219.

Na situação particular da representação profissional, essa se efetiva pela indicação dos indivíduos por meio de centrais sindicais de acordo com as prescrições específicas da Lei n. 11.648/2008 que legitimou a participação das Centrais Sindicais, principalmente nessa seara de discussão colegiada, conforme abordamos em capítulo anterior. Entretanto, hoje no país possuímos uma série delas, cada qual com um número de sindicatos, federações, confederações e associações classistas vinculados, contudo, com critério de legitimação legal adstrita aos termos da lei específica. Qual seria então o critério dessa indicação? Segundo a própria lei os assentos são tomados pelas centrais sindicais de acordo com o índice de representatividade que detém, ou seja, qual o seu grau de representação profissional dentro do território nacional. Segundo esse índice, os assentos podem variar de uma central sindical para outra[138].

Além de não se incluírem na limitação da unicidade sindical, eis que são organizações que não representam categorias, mas se encarregam da coordenação política das demais organizações sindicais de qualquer grau, a legislação no tocante ao critério de escolha das centrais sindicais acabou por adotar um procedimento que não faz parte de nosso ordenamento jurídico sindical e que, em outros países, é conhecida como "regra da maioria"[139]. Justifica-se esse procedimento principalmente porque calcada inicialmente

---

(138) Desde que publicada a Lei n. 11.648, o critério de representatividade pouco se alterou em relação àquelas que atingem o critério de representatividade previsto na lei especial. Quando abordamos esse trabalho, no DOU de 29.4.2013, eram reconhecidas pelo MTE apenas a CUT; Força Sindical; UGT; CTB; e NCST, conforme reprodução da publicação abaixo:
"(...) Ministério do Trabalho e Emprego
GABINETE DO MINISTRO
DESPACHOS DO MINISTRO
Consoante o disposto no art. 4º e parágrafos da Lei n. 11.648, de 31 de março de 2008, na Portaria n. 194, de 17 de abril de 2008, e na Nota Técnica SRT/N. 004/2013, DIVULGO as Centrais Sindicais que atendem aos requisitos previstos no art. 2º da referida Lei, com seus índices de representatividade, às quais serão fornecidos os respectivos Certificados de Representatividade — CR.
a) Central Única dos Trabalhadores, com índice de representatividade de 35,60%;
b) Força Sindical, com índice de representatividade de 13,80%;
c) UGT – União Geral dos Trabalhadores, com índice de representatividade de 11,20%;
d) CTB – Central dos Trabalhadores e Trabalhadoras do Brasil, com índice de representatividade de 9,20%; e
e) NCST – Nova Central Sindical de Trabalhadores, com índice de representatividade de 8,10%;
Processos ns.: 46000.001565/2013-38 e 46031.000361/2013-12
Processos ns.: 46000.001565/2013-38 e 46031.000361/2013-12
Assunto: Representatividade das Centrais Sindicais — 2013
Considerando os termos da Lei n. 11.648, de 31 de março de 2008, que dispõe sobre o reconhecimento formal das centrais sindicais, e que infere ao Ministério do Trabalho e Emprego a competência de aferir os requisitos de representatividade, com as instruções delimitadas por meio da Portaria n. 194, de 17 de abril de 2008 tendo, nesse sentido, a criação do Grupo de Trabalho com as suas atribuições instituídas através da Portaria n. 1.390, de 28 de agosto de 2012, sendo seus membros designados formalmente para o desenvolvimento dos trabalhos relativos ao ano de 2013 (ano-base 2012) por meio da Portaria n. 1.529, de 26 de setembro de 2012 e ainda, considerando os pareceres das Notas Informativas n. 03/2013/SRT/MTE e n. 005/2013/SRT/MTE, elaboradas pela Secretaria de Relações do Trabalho, resolvo INDEFERIR o recurso provido pela Central Geral dos Trabalhadores do Brasil — CGTB e ACATAR o resultado final da apuração da representatividade sindical de 2013, conforme parecer da Nota Técnica SRT/N. 004/2013.
Fonte: Diário Oficial da União e Portal CTB, segunda-feira, 29 de abril de 2013 (...)"

(139) A esse respeito: EBERT, Paulo Roberto Lemgruber. *Sindicato Mais Representativo e Mutação Constitucional*. Uma proposta de releitura do art. 8º, II, da Constituição Federal. São Paulo, LTr, 2007. p. 61-94.

na igual participação dos indivíduos ou dos grupos sociais no processo de decisão, qualquer que seja e, a partir dessa condição, prevalece o consenso da maioria. Como um dos elementos que compõe a democracia, a "regra da maioria" se torna também um instrumento para fazer prevalecer a vontade da sociedade, ainda que tomada somente pela sua maior parcela[140].

É desta forma que o assento nos colegiados de órgãos públicos pela indicação das centrais sindicais (legalmente!?) mais representativas do país retrata um legítimo e usual procedimento, sem qualquer prejuízo àqueles naturalmente excluídos desse processo.

Quanto a representação do empresariado, esta se realiza — mais pelo costume do que por disposição expressa de lei — pela indicação das respectivas Confederações, diante da sua representação mais ampla da categoria, de acordo com o assunto em discussão[141]. Assim, conforme a possibilidade do número de integrantes para a composição da bancada patronal e, dentro da vinculação específica do órgão público a uma pasta ministerial (Ministério das Comunicações; Transporte; Fazenda; do Trabalho e Emprego; Previdência Social etc.) se aferirá se uma ou mais Confederações patronais têm ou não interesse comum em integrarem esse ou aquele colegiado.

Em síntese, independentemente de qual pasta ministerial se vincule o conselho (colegiado) público, a representação profissional será sempre por indicação das centrais sindicais. De outro lado, a questão da representação do empresariado fica adstrita à indicação das confederações patronais, segundo o seu interesse (particular ou comum) nesse ou em outro assunto envolvido.

4.1. Questões sujeitas a discussão e deliberação

Quando em verdade a norma constitucional prescreve que os assuntos de ordem profissional ou mesmo previdenciária é que serão objeto de conselhos tripartites, com a representação paritária de empresários e trabalhadores, não se está limitando essa participação política somente a esses dois pontos. Muito pelo contrário. O que revela é que se trata apenas de uma garantia mínima disposta na Constituição Federal. Desrespeitada aquela prescrição, inicialmente as deliberações de "conselhos" de órgãos públicos vinculados a questões de ordem previdenciária ou profissional e que acabarem sendo efetivadas sem respeitar aquela representação da sociedade civil será nula e também ilegítima.

Parece-nos, então, que somente os temas de ordem previdenciária e profissional estariam então submetidos a essa participação paritária desses grupos classistas. Quais assuntos seriam esses?

---

(140) "O que é, então, a regra da maioria? (...): é uma das regras fundamentais para a formação de uma decisão coletiva, e, consequentemente também para a formação das decisões políticas, que são sempre decisões coletivas, mesmo se tomadas por uma só pessoa. Dito de outro modo, não basta a regra da maioria para definir a democracia. Nem todas as decisões de uma democracia são tomadas por critérios da maioria. O que caracteriza a democracia é o sufrágio universal, aferido segundo o princípio da maioria". CAMPILONGO, Celso Fernandes. *Apud* Norberto Bobbio. La regola della maggioranza e i suoi limiti, in Soggetti e potere. Napoli, Biblionapolis, 1983. *In: Direito e Democracia*, p. 35-36.

(141) Se o assunto é vinculado a área da saúde, parte a indicação da Confederação Nacional da Saúde; se da área de serviços/comércio, parte a indicação da Confederação Nacional do Comércio, e assim sucessivamente.

Por assuntos previdenciários, parece que a própria terminologia *a priori* está incompleta e deve ser melhor interpretada. O sistema previdenciário pode e deve atualmente ser entendido como o sistema da seguridade social, já que a previdência, hoje, está obrigatoriamente ligada e essa instituição e essa provavelmente foi a vontade do constituinte brasileiro a época[142], principalmente se nos detivermos ao Texto constitucional como um todo sobre esse tema.

O que causaria maior nível de inquietação seria delinear quais seriam os assuntos de ordem profissional que poderiam ser objeto de participação paritária. Poderíamos imaginar que assuntos de "ordem profissional" dizem respeito somente a relações de trabalho? Essa intepretação parece perigosa e limitadora do alcance e aplicação da norma do art. 10 da Constituição.

Ainda que se insista no ponto que assuntos profissionais digam respeito unicamente a relações de trabalho, essa situação ao menos deve envolver toda a universalidade do mundo do trabalho. Melhor dizendo, temas como a segurança e saúde no trabalho, especialização (educação, aperfeiçoamento...), melhores condições, etc. Apenas por esses temas podemos tirar a variedade de assuntos em que se podem envolver a participação dos grupos representativos da sociedade civil, tal como recomenda o arigo 10 da Constituição Federal.

Por meio de legislação infraconstitucional, outros conselhos vinculados às mais variadas pastas ministeriais também acabam por integrar essa representação paritária de trabalhadores e empregadores.

Podemos destacar com igual importância o "Conselho de Autoridade Portuária", cuja finalidade em regra é a da exploração dos portos organizados (Lei n. 8630/93). Essa lei vincula todo e qualquer tipo de exploração e concessão pelo Estado dos portos que são construídos e com estrutura para atender às necessidades gerais da navegação, seja no tocante a passageiros ou mesmo acerca da movimentação e armazenamento de mercadorias. Referido conselho com composição vinculada à proposição do art. 10 da Constituição Federal possui como uma de suas atribuições regular o horário e funcionamento dos portos no país; opinar sobre as respectivas propostas orçamentárias; propor políticas de fomento industrial e comercial dos portos; promover estudos visando a compatibilização de planos de desenvolvimento dos portos, vinculados às políticas federais, estaduais e municipais. Como se vê, as atribuições desse conselho público visam deliberações que recaem sobre políticas não só dos empregadores e trabalhadores, mas de toda a sociedade como um todo.

De outro lado Ministério da Fazenda que dentre outras atribuições atua na política fiscal de interesse do país possui um órgão colegiado denominado "Conselho de Contribuintes do Ministério da Fazenda" e segundo seus próprios dizeres possui a missão de *"garantir ao contribuinte julgamento em segunda instância dos processos administrativos fiscais que versem sobre tributos e contribuições administrados pela Secretaria da Receita*

---

(142) A participação da sociedade civil emanada da ordem constitucional nos assuntos da seguridade social (envolvendo os de cunho previdenciário) encontram significado ou mesmo justificativa, por conseguinte, no próprio art. 194 da Lei Maior, que prescreve: *(...) caráter democrático e descentralizado da gestão administrativa, com a participação da comunidade, em especial de trabalhadores, empresários e aposentados.*

Federal, com independência, imparcialidade, celeridade e eficiência, colaborando para o aperfeiçoamento da legislação tributária e aduaneira"[143]. Tal como no exemplo anterior, sua composição é tripartite, com o assento do Estado e das organizações sindicais de empregadores e trabalhadores. A importância das decisões desse conselho refletem diretamente na vida econômica, profissional e empresarial de toda a sociedade.

Há, portanto, dentro do cenário brasileiro diversos órgãos colegiados cuja representação é tripartite. Nem todos, entretanto, possuem necessariamente em sua composição representantes indicados pelas organizações sindicais.

Dentro desse universo é que optamos para exemplificar os não menos importantes colegiados públicos fincados no aparelho técnico burocrático estatal, e que possuem na sua composição membros indicados pelas organizações sindicais, como representantes da sociedade civil. Os exemplos dos colegiados aqui tirados se deram em função da efetividade com que acabam exercendo cotidianamente suas atividades segundo a imposição constitucional.

4.1.1. Conselho Curador do Fundo de Garantia do Tempo de Serviço (FGTS)

O primeiro exemplo tirado se refere ao colegiado que delibera sobre um fundo não só de amparo a situações de imprevistos ao trabalhador que teve abruptamente seu contrato de trabalho rescindido, como também serve de subsídio a vários programas assistenciais do governo.

O Fundo de Garantia do Tempo de Serviço — FGTS se constitui em uma reserva pública cobrada dos empregadores e tendo como referência a folha salarial de seus empregados. Esse fundo público constitui não só um modo de assegurar ao trabalhador uma quantia em dinheiro devida em decorrência da perda de seu posto de trabalho, como também se volta a subsidiar os financiamentos voltados ao mercado mobiliário, principalmente quanto à moradia dos indivíduos.

Possui o FGTS um "Conselho Curador", uma composição plural que na presidência comporta os Ministros de Estado do Trabalho e da Previdência Social, outros oito membros indicados pelo Estado, e mais oito representantes da sociedade civil, sendo quatro correspondentes aos trabalhadores e os demais vinculados ao empresariado, cuja indicação segue a mesma ordem anteriormente exemplificada, ou seja, as confederações patronais indicam os representantes dos empregadores, ficando a representação profissional a critério das centrais sindicais.

Esse conselho possui importantes atribuições no plano de políticas públicas. Dentre elas destacamos o estabelecimento de diretrizes e programas de alocação de recursos de acordo com a política nacional de desenvolvimento urbano (habitação popular; saneamento básico; infraestrutura etc.). Ou seja, as deliberações desse colegiado não se voltam apenas a assuntos de ordem profissional, quando, na verdade, tem como uma de suas atribuições à estratégia conjunta para as políticas de desenvolvimento urbano de responsabilidade primeira do Estado.

---

(143) Disponível em: <www.conselhos.fazenda.gov.br/domino/Conselhos/SinconWeb.nsf/index?OpenForm> Acesso em: 16 fev. 2009.

Uma questão de ordem econômica que envolveu boa parte da sociedade produtiva do país diz respeito à dívida do Estado quanto às correções do saldo do FGTS em decorrência de mal sucedidos planos econômicos e que no limite importaram prejuízos aos trabalhadores envolvidos (trabalhadores esses que em certos casos se tornaram posteriormente empresários). O caminho adotado pelo Estado (mediante a promulgação da Lei Complementar n. 110/2001) foi o de promover o pagamento daquela dívida social aos trabalhadores que à época teriam direito à diferença de correção, mediante a chancela prévia de uma das centrais sindicais mais importantes. O processo de concertação social nesse caso partiu de um consenso com uma das maiores centrais sindicais do país, com a finalidade de se atribuir maior transparência e legitimidade a esse novo pacto. Com todo o procedimento de conscientização adotado pela organização sindical profissional o Conselho Curador aprovou a proposta a qual foi submetida à Presidência da República que, por meio de lei específica, possibilitou o recebimento desses haveres por milhões de trabalhadores, sem maiores consequências no orçamento público. Houve, portanto, um ajuste que acabou envolvendo um custo social dividido entre Estado (que teve realmente de pagar uma dívida de anos) e a da responsabilidade do processo de consenso por parte dos atores sociais quanto ao real valor devido, já que suportaram um deságio no recebimento dos seus haveres com o intuito de não desonerar as reservas do Fundo, o que importaria, caso fracassado esse pacto, uma transferência do orçamento público de outros setores não menos estratégicos da política desenvolvimentista estatal.

4.1.2. *Conselho Deliberativo do Fundo de Amparo ao Trabalhador (CODEFAT)*

Na pasta do Ministério do Trabalho e Emprego do Brasil existe um outro conselho que dá suporte a outro colegiado de igual importância. O Grupo de Apoio Permanente ao Conselho Deliberativo do Fundo de Amparo ao Trabalhador - GAP/CODEFAT, possui composição tripartite, cujo procedimento de indicação é o mesmo do Conselho do FGTS.

O "FAT" é um programa estatal que regula e viabiliza principalmente o seguro-desemprego, cuja importância é visível e não mereceria maiores ilações.

Recentemente diante da crise econômica iniciada na América e que surtiu efeitos em todo o mundo desde o seu início o GAP/CODEFAT teve que se adequar ao cenário de forte recessão e consequente desemprego que atingiram parte da produção nacional. A Resolução n. 592 de 11 de fevereiro de 2009 acabou por ampliar o número de parcelas do seguro-desemprego para os setores mais atingidos, tais como siderurgia, mineração, couro e calçados, que sobrevivem muito das exportações. A medida foi de ajuste emergencial ao que se fixa na lei para o pagamento desse seguro social e cuja amplitude para outros setores da economia depende do controle da crise econômica.

4.1.3. *Conselho Nacional de Educação*

Dentro da variante de assuntos que podem advir do significado do termo "assuntos de ordem profissional" a que se refere o art. 10 da Constituição, inserir temas ligados à educação, a princípio, poderia nos parecer demasiado. Seria mesmo? Não nos parece!

O que nos convence a incluir ou mesmo justificar o alcance do art. 10 da CF/88 a temas voltados a educação diz respeito não só a capacitação técnica do trabalhador, à sua preparação ao trabalho, seja como modo obrigatório para o exercício dessa ou daquela atribuição (no campo do empresariado ou assalariado), ou mesmo a nível de especialização (que o digam os professores em todos os níveis de ensino).

Por isso é que entendemos tranquilamente que a educação está intrinsicamente ligada aos efeitos do art. 10 da Constituição Federal e objeto deste estudo e, os exemplos listados a seguir comprovam nossa justificativa, reforçado mais ainda em um olhar sistemático do Texto constitucional a par dos propósitos do art. 205[144] que trata da política educacional, onde especificamente atribui a participação da sociedade na sua construção.

E ainda deve ser considerado para essa abordagem o fato não só da enorme participação e mobilização das organizações classistas vinculadas a educação, como também de que o aprimoramento do profissional (*strito* ou *lato sensu*) passa obrigatoriamente pelos cursos ministrados pelos mais diversos estabelecimentos de ensino oficiais espalhados por todo o país, cuja validade passa obrigatoriamente pelo aval do Ministério da Educação (MEC).

Como órgão oficial do Governo, o MEC possui dentre seus colegiados o Conselho Nacional de Educação — CNE, estruturado em várias escalas e segundo as divisões da educação desenvolvida no país (infantil; fundamental; média; superior)[145].

Dentro do espírito a que alude a Constituição Federal o "CNE" objetiva estabelecer alternativas e mecanismos de forma democrática para possibilitar e garantir conjuntamente, dentro de sua competência, a participação da sociedade nas metas de um plano nacional de melhoria da educação. Suas atribuições estão previstas formalmente pela Lei n. 9.131/95, cabendo a este colegiado formular e avaliar o PNE — Plano Nacional de Educação[146], além de primar pela qualidade do ensino, e assegurar a interação da sociedade visando o aprimoramento da educação nacional.

Muito embora o "PNE" tratar do desenvolvimento em nível nacional, o fato é que o desenvolvimento da educação acabou sendo dividido, por assim dizer, entre os diversos entes federativos. Portanto, a educação básica (infantil e média) ficou adstrita a competência dos Estados e Municípios, enquanto que a Superior ficou a cargo do Governo Federal (não que isso implique a ausência de solidariedade na responsabilidade entre os mesmos no fomento de um desses níveis).

Os dados abordados nesse estudo, a rigor, dizem respeito ao ensino superior, eis que discutidos e debatidos em nível nacional com as mais diversas entidades organizadas da sociedade civil.

---

(144) Art. 205. A educação, direito de todos e dever do Estado e da família, será promovida e incentivada com a colaboração da sociedade, visando ao pleno desenvolvimento da pessoa, seu preparo para o exercício da cidadania e sua qualificação para o trabalho.

(145) Para maiores informações sobre essa divisão ver: <www.mec.gov.br>.

(146) Em linhas gerais, o Plano Nacional de Educação — PNE é um conjunto de estratégias políticas (de política pública) voltadas ao aprimoramento e desenvolvimento da educação nacional, em todos os seus níveis, o qual é formalizado com vigência por um determinado período e depois reavaliado. Sua formalização é feita com espírito participativo, Governo e membros da sociedade civil.

O "PNE 2011-2020" contou com o debate e a contribuição de várias entidades da sociedade civil organizada por meio do Fórum Nacional da Educação[147]. Os principais focos em discussão para darem suporte ao novo "PNE" prioritariamente discutiram o seguinte: a) o nível da educação; b) o Estado como garantidor da qualidade e financiador da educação; c) democratização na gestão e nos campos e oportunidades de aprendizagem; d) a educação como meio de inclusão e justiça social[148]. Com essa coletânea de informações, tudo foi levado ao CNE e seus integrantes para a formulação e formatação do atual PNE.

Mas na realidade, quem efetivamente integra todo o aparato deliberativo do "CNE"? Como a temática é variada, os integrantes são indicados pelas mais diversas instituições da sociedade civil organizada, entre eles as Centrais Sindicais e as Confederações Sindicais representativas de trabalhadores e empregadores. O quadro abaixo indica essa circunstância:

Entidades consultadas para elaboração da lista tríplice de integrantes da Câmara de Educação Superior (1995-2010)[149][150]

Entidades consultadas e por ato Ministerial	Portarias expedidas pelo MEC[151]						
	1995	2000	2002	2004	2006	2009	2010
Academia Brasileira de Ciências	X	X	X	X	X	X	X
Academia Brasileira de Educação	X	X	X	X	X	X	X
Academia Brasileira de Letras — ABL					X	X	X
Academia Nacional de Medicina						X	X

---

(147) A esse respeito ver: <http://portal.mec.gov.br/index.php?option=com_content&view=article&id=12478&Itemid=770> Acesso em: 2 jul. 2013.

(148) O documento que prestou essas informações pode ser encontrado em: <http://conae.mec.gov.br>.

(149) NUNES, Edson de Oliveira; BARROSO, Helena Maria; FERNANDES, Ivanildo Ramos. Do CNE ao CNE: 80 anos de política regulatória. In: *Observatório Universitário*, Documento de Trabalho n. 99. p. 10-11, nov. 2011. Disponível em: <http://www.observatoriouniversitario.org.br/documentos_de_trabalho/documentos_de_trabalho_99.pdf> Acesso em 1º jul. 2013.

(150) Embora não adotarmos a mesma posição dos autores, importante reproduzir a crítica para reflexão a respeito dessa enorme variação de entidades consultadas e suas distintas naturezas: "(...) Mudança substancial ocorrerá na lista de entidades em 2008, quando o Ministro Haddad decidiu excluir todas as entidades de natureza não acadêmica/educacional, o que se manteve em 2010. Sobre esta decisão ministerial, já registramos nos parágrafos que antecedem a tabela acima, que a regra de indicação de entidades, na Lei n. 9.131/95, dá preferência às "comunidades acadêmica e científica" e, no Decreto, às "entidades da sociedade civil". Não obstante os Decretos ns. 1.716/1995 e 3.295/1999, infiéis à vontade da Lei, o Ministro também vai de encontro à intenção presidencial original e volta a considerar apenas as entidades acadêmicas, talvez recuperando o espírito inicial da lei. A nosso ver, porém, a natureza da entidade indicadora, seja ela acadêmica ou não, parece não ter causado impacto no perfil do Colegiado, pois a maioria dos seus componentes, possui vínculo acadêmico. E nisto preserva-se o espírito da Lei. Não há como justificar, logicamente, esta decisão: a de escolher integralmente com base nas indicações das entidades. Sabe-se que em repúblicas poliárquicas, a representação de interesses se faz através de corpos especialmente eleitos, através do voto direto, para este fim. Câmaras, Assembleias e Congresso, são casas representativas destinadas a trazer à política pública a "countervailing force" da vontade popular, compondo harmonicamente um cenário no qual os poderes estão divididos entre uma Presidência majoritária, um Judiciário profissionalizado e um Legislativo representativo. A Lei n. 9.131 admitiu a indicação de conselheiros por órgãos representativos da comunidade especializada e reservou a metade dos assentos para a mão presidencial, majoritariamente eleita. Esta, contudo, através de decretos infiéis, seguidos de portarias indefensáveis, transformou o CNE em órgão de representação de interesses, subtraindo ao Congresso seu papel monopólico e usurpando, desde o ponto de vista da lógica da representação, o poder disponível para a Presidência. (...)" *Ibidem*, p. 12.

(151) Portarias ns. 1.455/1995; 20/2000; 31/2002; 20 e 107/2006; 42/2008; e 234/2010.

Entidades consultadas e por ato Ministerial	Portarias expedidas pelo MEC						
	1995	2000	2002	2004	2006	2009	2010
Assoc. Bras. Avaliação Educacional — ABAVE							X
Associação Brasileira de Educação — ABE					X		
Assoc. Bras. Educ. a Distância — ABED					X	X	X
Assoc. Bras. Ens. Arquitetura e Urbanismo — ABEA						X	X
Assoc. Bras. De Ensino de Biologia						X	X
Assoc. Bras. Ens. De Direito — ABEDi						X	X
Assos. Bras. Ens. Engenharia						X	X
Assoc. Brasileira de Mantenedores de Ensino Superior — ABMES				X	X		
Assoc. Bras. Reitores Univs. Comunitárias	X	X	X	X	X		
Assoc. Bras. Reitores Univs. Ests. E Munics.	X	X	X	X	X		
Assoc. Educ. Católica do Brasil — AEC			X	X	X		
Assoc. dos Geógrafos Brasileiros						X	X
Assoc. Nac. Escolas Técnicas					X		
Assoc. Nac. das Fac. Integradas e Isoladas — ANAFISO					X		
Assoc. Nac. de Centros Pós-Grad. Em Economia						X	X
Assoc. Nac. de Cooperativismo Agrícola — ANCA					X		
Assoc. Nac. Facs. E Institutos — ANAFI					X		
Assoc. Nacional de História						X	X
Assoc. Nac. de Política e Administração da Educação — ANPAE	X	X	X	X	X	X	X
Assoc. Nac. de Pós-Grad. E Pesq. Em Educ.	X	X	X	X	X	X	X
Assoc. Nac. Pós-Grad. Filosofia — ANPOF						X	X
Assoc. Nac. Pós-Grad. Pesq. Ciências Sociais						X	X
Assoc. Nac. Pós-Graduandos — ANPG						X	X
Assoc. Nac. Univs. Particulares — ANUP	X	X	X	X	X		
Assoc. Nac. Centros Universitários	X	X	X	X	X		
Assoc. Nac. Cursos de Grad. Em Administração — ANGRAD						X	X
Assoc. Nac. Dirigentes de IFES — ANDIFES	X	X	X	X	X		
Assoc. Nac.Form. Profissionais Educ. — ANFOPE						X	X
Central Única dos Trabalhadores — CUT	X	X	X	X	X		
Confed. Geral dos Trabs — CGT	X	X	X	X	X		
Confed. Nac. da Agricultura — CNA	X	X	X	X	X		
Confed. Nac. da Indústria — CNI	X	X	X	X	X		
Confed. Nac. Agric. Pec. Brasil — CNA					X		
Confed. Nac. Estab. Ens. — CONFENEN					X		

Entidades consultadas e por ato Ministerial	Portarias expedidas pelo MEC						
	1995	2000	2002	2004	2006	2009	2010
Confed. Nac. do Comércio — CNC	x	x	x	x	x		
Confed. Nac. dos Transportes — CNT				x	x		
Confed. Nac. dos Trabs. Em Educação — CNTE			x	x	x		x
Confed. Nac. Trabs. Estab. de Ensino					x		
Confed. Nac. Trasbs. Agricultura — CONTAG				x	x		
Conselho Dirig.Centros Fed. Educ. Tecnológica — CONCEFET					x		
Cons. De Reitores Univs. Brasileiras — CRUB	x	x	x	x	x		
Cons. Geral Inst. Metodistas de Ensino			x	x	x		
Cons. Nac. Secretários de Educ. — CONSED	x	x	x	x	x	x	x
Federação Nac. Escolas Particulares — FENEP					x		
Força Sindical — FS	x	x	x	x	x		
Fórum Cons. Estaduais de Educação			x	x	x	x	x
Sind. Nac. Docentes Inst. ES — ANDES	x	x	x	x	x		
Social Democracia Sindical — SDS	x	x	x	x	x		
Soc. Brasileira de Física — SBF						x	x
Soc. Bras. De Matemática — SBM						x	x
Soc. Bras. De Psicologia — SBP						x	x
Soc. Bras. De Química — SBQ						x	x
Soc. Bras. Progresso da Ciência — SBPC	x	x	x	x	x	x	x
União Bras. Estudantes Secundaristas			x	x	x	x	x
União Dirig. Municipais de Educação			x	x	x		
União Nacional dos Estudantes — UNE	x	x	x	x	x	x	x

Esse grande número de entidades envolvidas se alinha em primeiro lugar ao princípio democrático de participação da sociedade na gestão educacional (ainda que não diretamente). E, por fim, se destaca o papel sempre presente das organizações sindicais (em qualquer nível) como ator social de auxílio das políticas públicas, notadamente em um tema de interesse nacional.

4.1.4. Conselho Nacional de Saúde

As relações de trabalho não se desenvolvem somente na esfera do contrato individual e, como dissemos anteriormente, a segurança e saúde do trabalhador é tema corrente nos mais diversos congressos, seminários, livros, e temas de abordagem específica da própria Organização Internacional do Trabalho. Por tais motivos o interesse desses assuntos das organizações sindicais em políticas de saúde do trabalhador e, como corolário lógico, estendendo-se à sociedade como um todo.

Na esfera governamental, o Ministério da Saúde, em sua estrutura interna, possui vários órgãos e instâncias decisórias. Pela importância da pasta ministerial, a descentralização das ações políticas é mais do que necessária (com ou sem a participação da sociedade, conforme o caso).

E, incorporada a essa estrutura ministerial se encontra o CNS — Conselho Nacional da Saúde, órgão colegiado que possui objetivos dos mais importantes em um tema bastante delicado e vital para a sociedade brasileira: o sistema de saúde pública. Em verdade esse conselho está atrelado ao "SUS — Sistema Único de Saúde"[152] onde figura como instância máxima de deliberação, acompanhamento, monitoramento e, por fim, fiscalização das políticas públicas de saúde.

Agrega-se às missões acima especificadas, sem prejuízo de outras de igual importância, deliberar pela aprovação do orçamento destinado à saúde pública e a sua respectiva execução; e ainda a atualização do Plano Nacional de Saúde[153].

O fundamento da participação da sociedade civil especificamente nessa área está claramente previsto no art. 198 da Constituição Federal, que dispõe sobre ações e serviços na área da saúde com a participação da comunidade[154]. A representação da comunidade no colegiado aqui abordado já partira de legislação própria, disciplinado na Lei n. 8.142/90, a qual expressamente dispõe sobre a participação da comunidade na gestão do Sistema Único de Saúde (SUS) e sobre as transferências intergovernamentais de recursos financeiros na área da saúde e dá outras providências. Particularmente, o art. 1º[155] desta legislação específica apenas define ou mesmo acabou por criar os atuais

---

(152) A esse respeito checar a Lei n. 8.080/1990, principalmente seu art. 4º e seguintes.

(153) O Plano Nacional de Saúde — PNS é um conjunto de estratégias e atuações de âmbito nacional e vinculadas às políticas do SUS. O ministro da saúde à época, Humberto Costa, na apresentação do respectivo PNS, fazendo referência à participação da sociedade na elaboração do PNS em algumas palavras lembrou o seguinte: *"(...) O Plano Nacional de Saúde — PNS —, que tenho a satisfação de apresentar, configura-se como o instrumento básico do Pacto pela Saúde no Brasil, essencial para a gestão do SUS. O PNS, cuja iniciativa de elaboração é inédita, não se refere apenas às funções exercidas pelo Ministério da Saúde, mas deve ser a referência para o sistema nacional de saúde. (...) O processo de construção do PNS contou com a participação de atores fundamentais para a legitimação da política de saúde. Foram mobilizados parceiros para uma reflexão intensa acerca da situação de saúde no País, para a identificação de estratégias de superação de problemas e para a criação de ferramentas adequadas ao monitoramento das ações, e sobretudo para pensar coletivamente e materializar, por meio do PNS, o SUS que queremos. (...) De outra parte, o exercício e o incentivo à participação social permitem a adoção de estratégias de intervenção intersetoriais, capazes não somente de modificar as realidades sanitárias/epidemiológicas indesejáveis, como também de integrar maior número de atores no desenvolvimento das condições de vida da população. Cria-se assim um ciclo virtuoso na busca da qualidade da ação pública. (...)."* Disponível em: <http://dtr2001.saude.gov.br/editora/produtos/livros/pdf/05_0306_M.pdf> Acesso em: 20 jul. 2013.

(154) Art. 198. As ações e serviços públicos de saúde integram uma rede regionalizada e hierarquizada e constituem um sistema único, organizado de acordo com as seguintes diretrizes: (...) III – participação da comunidade.

(155) "(...) Art. 1º O Sistema Único de Saúde (SUS), de que trata a Lei n. 8.080, de 19 de setembro de 1990, contará, em cada esfera de governo, sem prejuízo das funções do Poder Legislativo, com as seguintes instâncias colegiadas: I – a Conferência de Saúde; e II – o Conselho de Saúde. § 1º A Conferência de Saúde reunir-se-á a cada quatro anos com a representação dos vários segmentos sociais, para avaliar a situação de saúde e propor as diretrizes para a formulação da política de saúde nos níveis correspondentes, convocada pelo Poder Executivo ou, extraordinariamente, por esta ou pelo Conselho de Saúde. § 2º O Conselho de Saúde, em caráter permanente e deliberativo, órgão colegiado composto por representantes do governo, prestadores de serviço, profissionais de saúde e usuários, atua na formulação de estratégias e no controle da execução da política de saúde na instância correspondente, inclusive nos aspectos econômicos e financeiros, cujas decisões serão homologadas pelo chefe do poder legalmente constituído em cada esfera do governo. § 3º O Conselho Nacional de Secretários de Saúde

dois Conselhos supra deliberativos os quais contemplam a participação da sociedade, sem ao tanto especificar a origem específica desses assentos. Assim, ficava a critério do Ministério esses direcionamentos na escolha.

Posteriormente, em 2006, nova roupagem foi dada à estrutura na escolha dos participantes dos órgãos do CNS. O Decreto Presidencial n. 5.839/2006 implantou processo eleitoral para a escolha dos integrantes dos colegiados cujos candidatos seriam indicados pelas mais diversas instituições que possuem relação com a área da saúde. Muito embora essa condição, o fato é que a representação nos assuntos de ordem profissional (e a saúde está integrada aqui) alinhada às entidades sindicais (seja elas no nível de cúpula: Confederações patronais ou profissionais, ou mesmo a intermediação das Centrais)[156] não ficou de fora da intervenção desses atores sociais.

Com a nova legislação que trata especificamente das Centrais Sindicais e que a estas obrigatoriamente atribui o papel de indicação e também representação profissional em colegiados em órgãos públicos em assuntos de interesse das mais diversas categorias a

---

(Conass) e o Conselho Nacional de Secretários Municipais de Saúde (Conasems) terão representação no Conselho Nacional de Saúde. § 4º A representação dos usuários nos Conselhos de Saúde e Conferências será paritária em relação ao conjunto dos demais segmentos. (...)"

(156) Dispõe sobre a organização, as atribuições e o processo eleitoral do Conselho Nacional de Saúde — CNS e dá outras providências.

(...) Art. 3º O CNS é composto por quarenta e oito membros titulares, sendo: I – cinquenta por cento de representantes de entidades e dos movimentos sociais de usuários do SUS; e II – cinquenta por cento de representantes de entidades de profissionais de saúde, incluída a comunidade científica da área de saúde, de representantes do governo, de entidades de prestadores de serviços de saúde, do Conselho Nacional de Secretários de Saúde — CONASS, do Conselho Nacional de Secretários Municipais de Saúde — CONASEMS e de entidades empresariais com atividade na área de saúde. (...) § 1º O percentual de que trata o inciso II do *caput* deste artigo observará a seguinte composição: I – vinte e cinco por cento de representantes de entidades de profissionais de saúde, incluída a comunidade científica da área de saúde; II – vinte e cinco por cento de representantes distribuídos da seguinte forma: a) seis membros representantes do Governo Federal; b) um membro representante do CONASS; c) um membro representante do CONASEMS; d) dois membros representantes de entidades de prestadores de serviços de saúde; e e) dois membros representantes de entidades empresariais com atividades na área de saúde. § 2º Os representantes de que tratam as alíneas "b" a "e" do inciso II do § 1º serão indicados respectivamente pelos presidentes das entidades representadas. § 3º Os membros titulares terão primeiros e segundos suplentes, indicados na forma do regimento interno. Art. 4º A escolha das entidades e dos movimentos sociais de usuários do SUS, das entidades de profissionais de saúde e da comunidade científica da área de saúde, das entidades de prestadores de serviços de saúde e das entidades empresariais com atividades na área de saúde que indicarão seus representantes para compor o CNS, será feita por meio de processo eleitoral, a ser realizado a cada três anos, contados a partir da primeira eleição. Parágrafo único. Somente poderão participar do processo eleitoral, como eleitor ou candidato, as entidades de que tratam os incisos I a IV do art. 5º, que tenham, no mínimo, dois anos de comprovada existência. Art. 5º Para efeito de aplicação deste Decreto, definem-se como: I – entidades e movimentos sociais nacionais de usuários do SUS — aquelas que tenham atuação e representação em, pelo menos, um terço das unidades da Federação e três regiões geográficas do País; II – entidades nacionais de profissionais de saúde, incluindo a comunidade científica — aquelas que tenham atuação e representação em, pelo menos, um terço das unidades da Federação e três regiões geográficas do País, vedada a participação de entidades de representantes de especialidades profissionais; III – entidades nacionais de prestadores de serviços de saúde — aquelas que congreguem hospitais, estabelecimentos e serviços de saúde privados, com ou sem fins lucrativos, e que tenham atuação e representação em, pelo menos, um terço das unidades da Federação e três regiões geográficas do País; e IV – entidades nacionais empresariais com atividades na área da saúde — as confederações nacionais da indústria, do comércio, da agricultura e do transporte que tenham atuação e representação em, pelo menos, um terço das unidades da Federação e três regiões geográficas do País. Parágrafo único. Consideram-se colaboradores do CNS as universidades e as demais entidades de âmbito nacional, representativas de profissionais e usuários de serviços de saúde. (...)"

ela vinculadas, nos parece com muita tranquilidade que o referido Decreto Presidencial a ela sucumbiria. Igualmente seria o caso das Confederações específicas.

A única possibilidade de argumentação de se afastar a intervenção da indicação classista das organizações sindicais, em especial as Centrais Sindicais, na indicação dos integrantes junto ao CNS poderia se dar em relação a discussão do alcance do conceito do termo profissional a que alude o art. 10 da CF/88. Contudo, pela própria interpretação sistêmica do Texto constitucional onde a participação na gestação do sistema de saúde é democrática, tal tese igualmente estaria vencida.

4.1.5. Conselhos do Ministério da Previdência Social

A pasta da previdência social possui na sua estrutura orgânica alguns colegiados que possuem a finalidade de prestar apoio a toda política de seguridade social de responsabilidade do Ministério. Congrega, talvez como o de maior importância, o Conselho Nacional de Previdência Social — CNPS em decorrência das suas finalidades que não setoriais mas sim de toda a sociedade.

O "CNPS" é o colegiado de deliberação superior na estrutura do Ministério da Previdência Social, e que possui como principal objetivo estabelecer um regime democrático e descentralizado na sua administração, dentro do que impõe a própria Constituição Federal (art. 194) para que justamente se possa aperfeiçoar suas ingerências no acompanhamento e avaliação dos planos e programas de responsabilidade da Administração. Sua composição, nesse caso especial, é quadripartite, contando com a participação do Governo, das organizações sindicais de trabalhadores e empregadores e também de representantes dos aposentados.

Diante da estrutura complexa e da gama de assuntos sob sua responsabilidade, foram criados como auxílio os Conselhos de Previdência Social — CPS e que atuam como unidades descentralizadas do "CNPS". Os "CPSs" respondem por se tornarem um canal de diálogo social e cuja estrutura de funcionamento se encontra espalhada por todo o território nacional. Atua como órgão auxiliar na política de fundo do "CNPS". Os Conselhos da Previdência Social possuem uma composição que abrange dez conselheiros, cuja divisão compreende dois representantes de trabalhadores (indicados pelas centrais sindicais); outros dois representantes do empresariado (indicados pelas respectivas Confederações); outros dois representantes do segmento de aposentados e pensionistas; e por fim quatro membros do Estado.

Os representantes com assento no "CPS" têm a atribuição primordial de identificar características do sistema da previdência social que possam ser aperfeiçoadas; apresentar planos para melhorar a gestão do sistema previdenciário; facilitar o desenvolvimento e solidificação da gestão democrática e próxima dos cidadãos, além de, consequentemente, exercer uma das formas de controle social sobre a Administração Pública.

4.2. Fórum Nacional da Previdência Social (da Reforma Previdenciária)

Muito embora relevantes um dos exemplos de democracia participativa por meio de assento nos colegiados de órgãos públicos, existem outras formas que de igual maneira dinamizam o diálogo social e que podem apresentar maiores resultados na aplicação de políticas públicas.

Com a chegada ao poder pela primeira vez de um partido operário no Brasil, que adotou a linha intensa de um amplo diálogo social, algumas preocupações tomaram parte na agenda de governo. Dentre elas era consenso que uma nova sistematização jurídica para a organização sindical e para as políticas de previdência social se mostravam importantes. Contrariamente ao modelo anterior, o atual governo se propôs a criar fóruns com ampla participação dos atores sociais mais expressivos envolvidos nesses dois temas, com o fito de, a partir de um consenso mínimo, adotar uma nova sistematização jurídica para essas questões.

Destacam-se nesse plano a instituição do Fórum Nacional da Previdência Social — FNPS e o Fórum da Reforma Sindical.

O "FNPS" instituído a partir do Decreto n. 6.019, de 22 de janeiro de 2007 possuía uma enorme gama de participantes de todo o segmento da sociedade. Membros do Governo, das organizações sindicais de trabalhadores e empregadores, de representação de aposentados, e até com a participação de representante da OIT travaram ao longo de 2007 várias discussões a respeito de um novo modelo de seguridade social para o país.

O "FNPS" foi instituído com a finalidade de promover o debate entre os representantes dos trabalhadores, dos aposentados e pensionistas, dos empregadores e do Governo Federal, visando o aperfeiçoamento, readequação, e sustentabilidade dos atuais regimes de previdência social praticados no país, e sua co-relação com as políticas de assistência social, além de apresentar subsídios técnicos na elaboração de propostas legislativas e normas infra-legais ligadas ao modelo de seguridade social.

Reconhece se que o "FNPS" não detinha desde a sua instituição nenhum poder coercitivo em relação às suas proposições, mas tão somente adquirir o consenso de toda a sociedade envolvida com a questão previdenciária. A partir daí apresentar suas propostas para o Governo e o Legislativo nacionais.

Como todo espaço de discussão e em que se concentram representantes de entidades distintas e com as mais diversas ideologias e preocupações, foram tirados alguns consensos no que se refere a uma nova proposta política para o sistema da seguridade social. De concreto, os pontos convergentes e que serão levados aos poderes como proposta da sociedade como um todo restringiram-se a temas relacionados ao *mercado de trabalho*; a forma de concessão de *benefícios por incapacidade*; a uma nova criação de mecanismos de incentivo monetário à postergação voluntária das aposentadorias; a uma nova sistemática dos assuntos relacionados à *pensão por morte*; uma nova formatação do atual regime de *gestão e financiamento da seguridade social*; e uma nova estratégia política de seguridade voltada aos *trabalhadores rurais*. Houve ainda alguns pontos de dissenso como a transição demográfica e o financiamento da seguridade pelo empresariado.

De todo modo, esse modelo atribuído ao "FNPS" partiu de um conceito de abertura de um diálogo com toda a sociedade para que, a partir de consensos, se apresentem propostas para redimensionar o sistema de seguridade social no país, tema esse que envolve preocupação em vários países do mundo.

4.3. Fórum Nacional do Trabalho (da reforma sindical)

Eis aqui o marco inicial do movimento de intenso diálogo social de que se valeu o primeiro governo operário brasileiro com a finalidade de se estabelecer nova roupagem no ordenamento jurídico. Partindo do pressuposto de que o país também devia receber uma nova legislação no sistema sindical foi instituído sob a coordenação do Ministério do Trabalho e Emprego do Brasil o Fórum Nacional do Trabalho — FNT.

A reforma sindical e trabalhista era uma das prioridades do Estado. Para que isso pudesse se concretizar foi implementado o "FNT", coordenado pela Secretaria de Relações do Trabalho do Ministério do Trabalho e Emprego. O "FNT" contou com a participação de cerca de seiscentos representantes de trabalhadores, empregadores e do governo para que, a partir do consenso se pudesse apresentar num primeiro momento uma nova proposta na legislação sindical e, em seguida, a trabalhista.

O FNT acabou sendo criado com o objetivo de promover a democratização das relações de trabalho a partir da adoção de um modelo de organização sindical baseado em liberdade e autonomia, o que fugiria do atual sistema instalado desde a década de trinta. A atualização dessa legislação e torná-la mais compatível com as novas exigências do desenvolvimento nacional era uma das metas do "FNT", cuja pretensão ainda era, a partir desse diálogo social, estimular tripartismo e assegurar a justiça social no âmbito das leis trabalhistas, da solução de conflitos e das garantias sindicais[157].

A estrutura do "FNT" tinha uma Plenária composta por setenta e dois membros, sendo vinte representantes dos trabalhadores; em igual número de representantes de empresários, outros vinte e um representantes do governo federal, e nove representantes das micro e pequenas empresas, cooperativas e outras modalidades de trabalho.

O consenso tirado do "FNT" e que nesse primeiro estágio recebeu apenas a modificação da organização sindical pátria foi composta pelos seguintes temas: a criação de um novo Conselho Nacional de Relações de Trabalho; um novo sistema de Organização Sindical que tinha como uma de suas premissas a liberdade sindical e a representação dos trabalhadores no local de trabalho; novos contornos atribuídos à Negociação Coletiva, contando inclusive com a negociação no setor público e a repressão a condutas antissindicais; e por fim um novo conceito para a solução de conflitos, envolvendo não o direito de greve como a substituição processual.

A partir desses novos temas que foram extraídos do consenso ao longo de todo o "FNT" o governo encaminhou ao Congresso Nacional a proposta de reforma sindical pautadas nesses pilares e que alteram de uma vez por todas toda a sistemática desenvolvida no Estado corporativista e mantida até os dias atuais.

---

(157) Disponível em: <www.mte.gov.br/fnt/default.asp> Acesso em: 28 fev. 2009.

Dentro do que se pode conceber e a partir do contexto político jurídico nacional, ante o fomento do diálogo social com práticas contínuas de concertação social e do incremento da representação (política) da sociedade civil nos Colegiados, Conselhos e Fóruns tripartites pelas organizações sindicais se encontra uma das formas de se fazer a democracia participativa por meio da representação da sociedade civil por atores sociais de forte penetração no seio da comunidade.

Embora ainda possa haver críticas quanto a finalidade e representação constantes do art. 10 da Constituição Federal[158], havendo ou não um sentido corporativista ou mesmo acerca de potenciais privilégios quanto ao critério de escolha dos representantes dos trabalhadores e empregadores nos colegiados de órgãos públicos, não se pode negar que a inserção das organizações sindicais — e em especial das centrais sindicais como representante da classe trabalhadora nacional — nessa seara de discussão política é, atualmente, uma das formas de ajustar e justificar a representação da sociedade civil. Dentro desse espectro, legítima se torna a representação da sociedade produtiva do país pelas organizações sindicais.

4.4. Pacto contra a crise econômica

Notória a crise econômica mundial iniciada na metade do ano de 2008 e que aos poucos foi causando seus efeitos nas economias de todos os países de forma direta ou não. O Brasil, como não poderia deixar de ser, também sofreu com a falta de investimento externo, o que de pronto já resultou em várias demissões do proletariado desde o final do ano de 2008.

Apresentando uma alternativa única e exclusiva à crise econômica uma grande central sindical, associada a outro importante sindicato e associação de empresários apresentaram ao Governo Federal uma "Agenda Positiva Anti-Crise — Protocolo de Entendimento"[159].

Na contramão de outras propostas que promoviam acordos coletivos para sanar a crise com redução de jornada e salários ao longo de todo o país, o protocolo em referência apresentou um plano de renegociação das dívidas das micro e pequenas indústrias do setor industrial junto aos bancos públicos e privados. O objetivo do pacto foi o de evitar a inadimplência no setor econômico que até então mais contrata no país, oferecendo isenções de ordem tributária com a contrapartida de manutenção dos contratos de trabalho então em vigor.

A necessidade desse ajuste foi no sentido de se evitar uma grande defasagem na manutenção da mão de obra contratada no país, já que o desemprego se caminhava a passos largos. A ideia surgiu efetivamente das organizações sindicais de trabalhadores em comum acordo com alguns segmentos empresariais e um forte sindicato representativo do setor econômico, levando essa alternativa ao Estado que, diante dessa possibilidade,

---

(158) AROUCA, José Carlos. *Repensando ...*, ob. cit., p. 386. SILVA, José Afonso da. *Comentário Contextual à Constituição*. São Paulo: Malheiros, p. 236-237.

(159) Disponível em: <http://www.simpi.org.br/arquivos/cut_simpi_assimpi.pdf> Acesso em: 2 mar. 2009.

visava não só o saneamento do setor econômico, como igualmente a manutenção de boa parte dos contratos de trabalho.

Esse exemplo consolida mais uma vez nossa justificativa de que através de um entendimento entre as forças produtivas do país, aliada a uma nova postura estatal, a solução para os problemas envolvendo a sociedade em geral podem ser qualificadamente minimizados.

4.5. O diálogo permanente: Governo e centrais sindicais[160]

Os exemplos até agora ilustrados trataram de questões pontuais. Ou diziam respeito ao FGTS; saúde; educação; reforma sindical; e previdenciária. Não que esses temas não guardem relevância para a sociedade. De modo algum! Mas outros interesses afetos ao cotidiano dos cidadãos ainda poderiam ser vislumbrados de forma mais efetiva no contexto de relações entre o Estado e os atores sociais.

E esse modo neocorporativista de se fazer política ganhou mais impacto em meados do ano 2000.

Ainda que envolto praticamente na representação classista profissional, principalmente a partir de 2003 a mobilização e atuação direta das organizações sindicais, sempre a nível nacional, ganhou uma dimensão até então não experimentada na história política do país[161], principalmente em se tratando da relação com o Governo, o que nunca foi tão amistoso assim.

As Centrais Sindicais — e em alguns temas juntamente com os segmentos representativos dos empresários (Confederações e ou Associações) —, foram as principais convidadas para "sentarem à mesa" com os prepostos do Governo no intuito primordial de discutirem alternativas envolvendo políticas públicas com vistas a melhoria na distribuição de renda, minorando assim o empobrecimento da classe trabalhadora e da sociedade como um todo.

O Governo queria discutir conjuntamente — ou mesmo o apoio sindical — projetos sobre essas políticas públicas.

---

(160) O presente capítulo é um resumo, atualizado, do artigo de novembro de 2012 do autor *O diálogo entre Governo e Centrais Sindicais para o desenvolvimento,* destinado ao respectivo crédito no doutoramento em Direito Político e Econômico, junto a Universidade Presbiteriana Mackenzie.

(161) A partir de 2003, como já destacado, o governo federal passou a criar espaços de interlocução, chamando os atores sociais para o diálogo — reuniões, fóruns, conselhos, comissões, entre outros. Isso colocou para o movimento sindical, além da tarefa de atuar como bancada nos espaços de negociação, o desafio de se preparar para a intervenção. Formar quadros, organizar e distribuir tarefas diante das inúmeras demandas, mobilizar dirigentes, militantes, ativistas e trabalhadores da base para manifestar os interesses e elaborar propostas de âmbito nacional ou local passou a compor um novo campo da prática sindical. O que se observou na segunda metade da primeira década dos anos 2000 foi a abertura sistêmica de novos espaços institucionais de representação e/ou de negociação que trouxeram novos desafios. Tornou-se necessário ter também propostas concretas sobre diferentes assuntos e problemas e, além disso, capacidade de negociar em ambientes complexos, de múltipla participação social e política — com empresários e outras organizações da sociedade civil. *In: A situação do trabalho no Brasil na primeira década dos anos 2000.* Disponível em: <http://www.dieese.org.br/livroSituacaoTrabalhoBrasil/SiteCap18.pdf> Acesso em: 17 out. 2012.

De fato todas as discussões em pauta acerca da dinamização, na ótica das Centrais Sindicais, passavam principalmente pelo necessário incremento do poder de ganho do trabalhador, com o fundamento de suportarem sucessivos prejuízos originados por políticas recessivas dos anos anteriores[162]. Por meio desse modelo, inclusive via encaminhamentos ao Congresso de projetos de lei, ou então, com medidas de ordem interna viabilizadas diretamente pelo Executivo, as propostas discutidas e deliberadas de forma conjunta foram sendo gradativamente implementadas.

Essas deliberações conjuntas (Governo e Centrais Sindicais)[163] legitimavam e creditavam as propostas enviadas a Casa legislativa.

Essa primeira experiência exitosa fez o Governo e as Centrais fortalecerem o procedimento de "sentarem a mesa" e buscarem ajustes para o futuro em assuntos mais prementes da sociedade, como o salário mínimo, dentre outros.

O que marcou formalmente esse ajuste entre Governo e Centrais Sindicais[164] envolvendo políticas de melhoria de distribuição de rendas foi a assinatura do chamado "Protocolo de Intenções", em 24 de janeiro de 2006, cujo objetivo principal se voltava à valorização real do Salário Mínimo; e a atualização da Tabela de Incidência do Imposto de Renda da Pessoa Física. Com efeito, trata-se comprovadamente de temas de impacto direto na renda não só do trabalhador assalariado, como também do empresário individualmente considerado (profissional autônomo, profissional liberal etc...).

Apenas para avaliarmos o progresso dos entendimentos entre o Governo e as Centrais Sindicais notadamente na valorização do salário mínimo, até o ano de 2013, essa renda específica obteve um reajuste nominal à ordem de 239% nos últimos doze anos (partindo de R$ 200,00 a R$ 678,00). Nessa mesma evolução, experimentou um aumento real de 70,49% (segundo fonte do DIEESE)[165]. Esse ganho teve maior crescimento justamente a partir da interferência das Centrais Sindicais nesse tema.

Desde o ano de 2011, após um acordo com o Governo, as Centrais Sindicais e com a ciência da representação dos empresários[166], o propósito continuado de valorização do salário mínimo acabou se transformando em lei (Lei n. 12.382/2011)[167].

Essa modalidade de fazer política adotada pelo Governo envolvendo os atores classistas ganhou destaque no cenário internacional, sendo que a própria Organização

---

(162) Não estamos discutindo o mérito da implantação dessas políticas, mas somente a justificativa das Centrais nesse particular.

(163) Ainda que nem todas elas concordassem com as decisões tomadas, mas somente a maioria representativa.

(164) Central Autônoma de Trabalhadores (CAT); Central Geral dos Trabalhadores do Brasil (CGTB); Central Única dos Trabalhadores (CUT); Confederação Geral dos Trabalhadores (CGT); Força Sindical; e a Social Democracia Sindical (SDS).

(165) Disponível em: <http://www.dieese.org.br/notatecnica/2012/notaTec118salarioMinimo2013.pdf> Acesso em: 1º mar. 2013. A partir daqui o diálogo acabou sendo limitado em função dos interesses eleitorais de momento, o que é sazonal.

(166) Por intermédio principalmente de Confederações sindicais.

(167) Segundo a nova regra legal, a base de cálculo para a valorização do salário mínimo é a inflação do período anterior mais a variação do Produto Interno Bruto (PIB) dos dois anos anteriores.

Internacional do Trabalho (OIT) destacou forma de valorização do rendimento mínimo do salário adotada pelo governo brasileiro em diálogo com as organizações sindicais. Em estudo específico sobre o aumento da renda nos países da América Latina e o Caribe, o Brasil é destacado no período que vai de 2003 a 2010, quando ressaltado que o salário mínimo nacional, em média, teve aumento real de 5,8% ao ano, bem acima do Produto Interno Bruto (no mesmo período, o PIB do Brasil aumentou, em média, 4% ao ano, e o PIB *per capita* crescendo em bases de 2,3%), produzindo reflexos diretos na redistribuição de renda e melhoria na redução dos níveis de pobreza. Segundo o mesmo Relatório da OIT o crescimento verificado corresponde a quase dobra do período anterior que vai de 1995 a 2002[168].

Associado a valorização do salário mínimo nacional, as Centrais sindicais também ajustaram com o Governo a correção gradativa da tabela de incidência do imposto sobre a renda da pessoa física. Esses percentuais estavam praticamente congelados desde 1996[169], o que resultava em maior oneração ao contribuinte, pessoa física, com o imposto devido ao Governo Federal.

Mesmo antes da formalização da assinatura do "Protocolo de Intenções" em 2006, as Centrais Sindicais já faziam coro com os demais segmentos da sociedade junto ao Governo Federal para o reajuste da tabela do IR. No ano de 2004 houve um pequeno sinal do Governo ao atualizar a respectiva Tabela em percentuais modestos à ordem de 10% (dez por cento), elevando o valor mínimo de incidência do imposto.

Esse primeiro movimento do Governo impulsionou as Centrais Sindicais na discussão com o Governo Federal, não cessando somente com o Protocolo de Intenções. As negociações sobre esse tema se renovaram ano a ano e com a troca de comando no poder político do país, após um consenso entre os atores envolvidos, adotou-se um mecanismo legal de reajuste automático (Medida Provisória n. 528, convertida na Lei n. 12.469/2011), adotando-se reajustes progressivos na tabela do IR de 2011 a 2014, ao menos[170].

Esse Fórum Permanente de Negociações entre o Governo e as Centrais Sindicais ainda subsiste. A agenda ganha relevância dependendo das circunstâncias e dos temas envolvidos. O importante é que a sociedade e, nesse caso em especial, está representada pela Centrais na mesa de negociação com o Governo Federal em assuntos que lhes são afetos diretamente.

4.6. Conselhos Populares

Um nível de participação extrema foi implantado no país com o advento do Decreto Presidencial n. 8.243, de 23 de maio de 2014[171], porém pode sucumbir diante de algumas

---

(168) Disponível em: <http://www.oitbrasil.org.br/content/panorama-laboral-2011> Acesso em: 19 out. 2012.

(169) Em 2002 houve um reajuste de 17,5%. Contudo, como não era um procedimento adotado desde então, provavelmente isso se deveu em decorrência da iminente disputa e posterior alternância do poder político no país.

(170) O limite temporal da referida lei corresponde ao término do mandado da atual Presidente da República.

(171) Institui a Política Nacional de Participação Social — PNPS e o Sistema Nacional de Participação Social — SNPS, e dá outras providências.

posições, principalmente do Congresso Nacional que aponta uma ofensiva contra esse diploma presidencial[172].

Em uma análise direta do Decreto, o que se percebe a primeira vista é que ele institui instrumentos no intuito de auxílio na concretização de uma Política Nacional de Participação Social[173].

E fundamentos há para isso, como apontou o professor Dalmo de Abreu Dallari[174]:

> (...) tem sólido embasamento constitucional, a partir (...) parágrafo único do art. 1º da Constituição, segundo o qual deve ser dado ao povo um papel ativo no exercício do Poder. (...) para colaborar com o governo e influir sobre as decisões relativas à definição, aos objetivos e aos meios de implantação da Política Nacional de Participação Social (...).

O ato presidencial, em nosso entendimento, encontra respaldo não só na norma de diretriz da democracia participativa (do art. 1º da CF/88), como igualmente do ato de origem, que se embasa na própria Constituição em seu art. 84, VI onde confere poderes ao Chefe do Executivo para disciplinar essa matéria.

E os integrantes da sociedade civil que tendem a promover essa função consultiva junto aos mais variados órgãos do Poder Executivo, encarregados das concretizações de políticas públicas e, segundo o próprio decreto, encontra delimitação na consideração do corpo da sociedade civil sendo constituída por cidadãos, os coletivos, os movimentos sociais institucionalizados ou não institucionalizados, suas redes e suas organizações.

Evidente que aí se encaixam as organizações sindicais, em seus mais variados desdobramentos, ao se fazer menções a coletivos e movimentos sociais institucionalizados. Sob qualquer ângulo que se enxergue, há o fundamento de inclusão dos entes sindicais.

Como se trata de nova disposição integrante do cenário da democracia participativa no país — inclusive com suas resistências de cunho político e popular de alguns setores — o fato é que há que se aguardar com qual intensidade os Conselhos Populares, desde que instituídos e em perfeito funcionamento, contribuirão para os destinos das políticas sociais. Mas, até então, no plano formal, não temos como recusar o grau de contribuição que a sociedade civil e, em especial, as entidades sindicais podem contribuir nesse propósito.

---

(172) Não temos posição pró ou contra os Conselhos Populares. Há sim um modelo de gestão compartilhada a nível de Governo e sociedade que se encaixam perfeitamente ao objeto deste estudo. Em que pese todo o cenário de debates em torno desses Conselhos, o fato é que aqui a participação é fiscalizadora e não de tomada de decisões, como vem sendo apresentado nos mais diversos órgãos de comunicação.

(173) Como podemos inferir logo na redação de seu art. 1º, onde ao se instituir a Política Nacional de Participação Social — PNPS, estabelece como objetivos "fortalecer e articular os mecanismos e as instâncias democráticas de diálogo e a atuação conjunta entre a administração pública federal e a sociedade civil".

(174) DALLARI, Dalmo de Abreu. *Conselhos populares e democracia participativa*. In: <http://www.migalhas.com.br/dePeso/16,MI203171,101048-conselhos+populares+e+democracia+participativa> Acesso 17 jul. 2014.

Capítulo VI
Conclusões

A integração do indivíduo ou mesmo dos grupos intermediários da sociedade civil nos assuntos de natureza política de um país (econômica, social, cultural) é questão que se encontra pautada principalmente nos países de democracia pós-moderna e que demonstra preocupação com a voz vinda diretamente da sociedade organizada.

O regime democrático e o Estado de Direito que possuem todos os requisitos para que essa integração da sociedade civil com o Poder (Governo) seja melhor aplicada, assim se justifica em virtude da liberdade política e civil que os indivíduos (e os grupos sociais) assumem nessas circunstâncias, e a importância que lhes é atribuída. Diferentemente, em regimes ditos autoritários, essa integração — ou então como chamamos ao longo do trabalho de participação política — estaria comprometida, em virtude dessa mesma falta de liberdade e autonomia ínsita a decisões dessa natureza. É, portanto, o regime democrático o que melhor viabiliza e realiza o direito de participação política da sociedade civil (e dos grupos organizados, como as organizações sindicais) em assuntos de seu interesse em forma de colaboração e cooperação com o poder público.

Com maior ênfase nas organizações sindicais dentro da realidade nacional brasileira, as quais já se encontravam sob o controle estatal desde a década de trinta, formatando o que se concebia como sindicato corporativista é que seu deu suporte a construção da base conceitual deste trabalho. O novo estágio de concepção política, econômica, social e cultural adquiridos na sociedade brasileira a partir da década de setenta, de certa forma, veio a alterar essa submissão quase que total das organizações sindicais ao Estado.

Os movimentos sindicais organizados, tendo como marco as greves iniciadas principalmente a partir do ABC Paulista contribuíram firmemente para uma exteriorizar a "nova" filosofia das organizações sindicais.

O período de transição do regime autoritário para o democrático e que culminou com a Constituição de 1988, malgrado não tenha extirpado por completo com o corporativismo que ronda todo o sistema de relações sindicais brasileiro, acabou por inadmtir qualquer intervenção do Estado nas organizações sindicais, ao menos de modo geral na sua organização. Esse vazio da proibição de intervenção estatal prescrito pela Constituição, associado pela postura dos dirigentes das organizações sindicais acabou, por si só, em minimizar os impactos do corporativismo estatal nas relações com os sindicatos.

Em razão disso é que a participação das organizações sindicais nos organismos burocráticos do Estado corporativista não mais pode ser atrelada ao mesmo aspecto de comprometimento daquelas promovidas nos dos dias atuais. O modelo jurídico é distinto;

a mentalidade é outra; os problemas da sociedade ganharam novas dimensões e pedem uma nova postura dos atores sociais.

Em que pese a ausência de um modelo de pluralidade no seio das representações sindicais e, de outro lado, de uma liberdade relativa, as organizações sindicais (ao menos a maioria delas) ainda conseguem se legitimar perante a sociedade civil, com postura reivindicatória, fiscalizatória e, por vezes, até de compreensão em relação às proposições do Governo. Por seu turno, é justamente nas Centrais Sindicais (somente no caso dos trabalhadores) que por não atenderem ao critério da unicidade e da limitada liberdade imposta na legislação sindical brasileira, cujo papel é o de coordenar todo o plano de atuação política das demais organizações classistas que a ela se vinculam, que se apresenta perante a nação como forte ator social, munidas de ampla autonomia em seus atos. Não dependeram até o advento da legislação própria que a inseriu no sistema sindical pátrio de qualquer legitimação ou mesmo reconhecimento em seus atos perante a coletividade. Agora, abrigada por uma lei que formalmente a sedimenta nesse cenário, sua atuação como representante legítima da classe trabalhadora intercategorial (e até da sociedade civil em determinadas ocasiões) é por demais justificável.

A Constituição Federal de 1988 ao possibilitar uma maior intervenção da sociedade civil organizada nos órgãos colegiados do aparelho do Estado assume um papel de extrema importância em prol da democracia e da cidadania. A participação política delegada às organizações de sindicatos e a sua dinamização no contexto político brasileiro também revela, de seu lado, que com a postura neocorporativista do Estado, o fomento ao diálogo social se mostra como uma ferramenta que surge naturalmente desse novo modelo de gestão da máquina administrativa, não como modo mais eficiente, mas sim como um dos modelos de inserção de integrantes de corpos da sociedade civil na Administração.

A ampliação dos espaços de discussão da sociedade com o Governo, através dos conselhos, órgãos tripartites e principalmente com a instituição dos Fóruns nacionais para a tomada conjunta de decisões de política pública ou mesmo institucional, legitima toda a atuação dos seus partícipes, bem como atribui maior transparência nesse jogo de decisões, podendo revelar o verdadeiro anseio dos cidadãos representados. Ademais, contribui indiscutivelmente para a realização de princípios fundamentais consagrados constitucionalmente, como a cidadania, dentre outros.

As organizações sindicais, em qualquer modo que se apresentem em nosso modelo de relações coletivas, ainda mais quando lhes são possíveis o estabelecimento normal, sem conflitos, de um canal de deliberações com o Estado, atuam como influente ator social nas estratégias políticas que lhes dizem respeito, bem como quando são chamadas para representar a sociedade como um todo, em face da pluralidade na sua representação.

O direito da participação política no contexto brasileiro, como uma das modalidades de realização da democracia, e tal como abordamos, encontra-se em total compasso com as políticas de desenvolvimento praticadas nas sociedades pós-modernas, e as organizações sindicais (em todas as suas formatações) integram esse mecanismo democrático, ao passo que representam no jogo institucional, parte considerável dos fatores reais de produção.

Bibliografia

ABBAGNANO, Nicola. *Dicionário de filosofia*. Tradução Ivone Castilho Benedetti. 4. ed. São Paulo: Martins Fontes, 2000.

AGUILLAR, Fernando Herren. *Controle social de serviços públicos*. São Paulo: Max Limonad, 1999.

ARAÚJO, Angela Maria Carneiro. Estado e trabalhadores. In: _____. *Do corporativismo ao neoliberalismo*: estado e trabalhadores no Brasil e na Inglaterra. São Paulo: Boitempo, 2002.

ARISTÓTELES. *A Política*. São Paulo: Escala, 2007.

AROUCA, José Carlos. Centrais sindicais: autonomia e unicidade. *Revista LTr*, São Paulo, v. 72, n. 10, out. 2008.

_____. *O sindicato em um mundo globalizado*. São Paulo: LTr, 2003.

_____. *Repensando o sindicato*. São Paulo: LTr, 1998.

AZAMBUJA, Darcy. *Introdução à ciência política*. 13. ed. Rio de Janeiro: Globo, 2001.

BAYLOS GRAU, Antonio. *Sindicalismo y derecho sindical*. Madrid: Bomarzo, 2004.

BERCOVICI, Gilberto. *Soberania e Constituição*: para uma crítica do constitucionalismo. São Paulo: Quartier Latin, 2008.

BERTOLIN, Patrícia T. M.; OZÓRIO, Paula C. M.; DIAS, Vivan C. S. F. Análise do período 1930-1946: uma contribuição ao estudo da história dos sindicatos e do sindicalismo no Brasil. In: *Seminário Nacional de Pós-graduandos em História das Instituições*. Anais... Rio de Janeiro: 2008.

_____. O papel social dos sindicatos na integração econômica. *Diário do Pará*, Caderno 3, n. 28, p. c-3, jul. 1996.

BOBBIO, Norberto. *Estado, governo, sociedade*: por uma teoria geral da política. Tradução Marco Aurélio Nogueira. 13. ed. Rio de Janeiro: Paz e Terra, 2007.

_____. *Teoria geral da política*: a filosofia política e as lições dos clássicos. Trad. Daniela Beccaccia Versiani. Rio de Janeiro: Campus, 2000.

BONAVIDES, Paulo. *Teoria constitucional da democracia participativa*: por um direito constitucional de luta e resistência, por uma nova hermenêutica, por uma repolitização da legitimidade. São Paulo: Malheiros, 2001.

BRASIL, Ministério da Educação. Disponível em: <http://portal.mec.gov.br/index.php?option=com_content&view=article&id=12478&ltemid=770>.

_____. Disponível em: <http://portal.mec.gov.br/conae>.

CAMPILONGO, Celso Fernandes. *Direito e democracia*. 2. ed. São Paulo: Max Limonad, 2000.

CANOTILHO, J. J.; MOREIRA, Vital. *Constituição da república portuguesa anotada*. v. 1. São Paulo: Revista dos Tribunais; Coimbra: Coimbra Editora, 2007.

CARDOSO, Fernando Henrique. A construção da democracia: a revitalização da arte da política. *In:* ZANETI, Hermes (Org.). *Democracia:* a grande revolução. Brasília: Editora Universidade de Brasília, 1996.

CASTELO, Jorge Pinheiro. *O direito material e processual do trabalho e a pós modernidade:* a CLT, o CDC e as repercussões do Novo Código Civil. São Paulo: LTr, 2003.

CESARINO JÚNIOR, Antônio Ferreira; CARDONE, Marly A. *Direito social:* teoria geral do direito social, direito contratual do trabalho, direito protecionista do trabalho. v. 1. 2. ed. São Paulo: LTr, 1993.

CONSTITUIÇÕES do Brasil: de 1824, 1891, 1934, 1937, 1946 e 1967 e suas alterações. Brasília: Senado Federal, 1986.

COSTA, Sílvio. *Tendências e centrais sindicais*. São Paulo: Anita Garibaldi; Goiânia: Editora Universidade Católica de Goiás, 1995.

CROZIER, Michel. Sociologia do sindicalismo. *In:* RODRIGUES. Leôncio Martins (Org.). *Sindicalismo e sociedade*. Trad. Anna Maria Villalobos. São Paulo: Difusão Europeia do Livro, 1968.

DALLARI, Dalmo de Abreu. Conselhos populares e democracia participativa. Disponível em: <http://www.migalhas.com.br/dePeso/16,MI203171,101048-conselhos+populares+e+democracia+participativa>.

DELGADO, Mauricio Godinho. *Direito coletivo do trabalho*. 3. ed. São Paulo: LTr, 2008.

EBERT, Paulo Roberto Lemgruber. *Sindicato mais representativo e mutação constitucional:* uma proposta de releitura do art. 8º, II, da Constituição Federal. São Paulo, LTr, 2007.

ESTANQUE, Elísio. *A questão social e a democracia no início do século XXI:* participação cívica, desigualdades sociais e sindicalismo. Disponível em: <http://boasociedade.blogspot.com> Acesso em: 12 set. 2008.

FERREIRA FILHO, Manoel Gonçalves. *Direitos humanos fundamentais*. 9. ed. São Paulo: Saraiva, 2007.

FREITAS JÚNIOR, Antônio Rodrigues de. *Conteúdo dos pactos sociais*. São Paulo: LTr, 1993..

GIUGNI, Gino. *Direito sindical*. Trad. Eiko Lúcia Itioka. São Paulo, LTr, 1991.

GOMES, Orlando; GOTTSCHALK, Élson. *Curso de direito do trabalho*. 18. ed. Rio de Janeiro: Forense, 2007.

HEGEL, Georg Wilhelm Friederich. *Princípios de filosofia do direito*. Tradução Orlando Vitorino. São Paulo: Martins Fontes, 1997.

HESSE, Konrad. *A força normativa da constituição*. Trad. Gilmar Ferreira Mendes. Porto Alegre: Sergio Antonio Fabris, 1991.

LEAL, Rogério Gesta. *Estado, administração pública e sociedade:* novos paradigmas. Porto Alegre: Livraria do Advogado, 2006.

EBERT, Paulo Roberto Lemgruber. *Sindicato mais representativo e mutação constituciona:* uma proposta de releitura do art. 8º, II, da Constituição Federal. São Paulo, LTr, 2007.

MAGANO, Octavio Bueno. *Organização sindical brasileira*. São Paulo: Revista dos Tribunais, 1981.

MARANHÃO, Délio; SÜSSEKIND, Arnaldo; TEIXEIRA FILHO, João de Lima ; VIANA, Segadas. *Instituições de direito do trabalho*. v. 1-2. 15. ed. São Paulo: LTr, 1995.

MARTINS, Luciano. A liberalização do regime autoritário no Brasil. *In:* O'DONNEL, Guillermo; SCHMITTER, Philippe C. (Orgs.). *Transições do regime autoritário:* América Latina. Trad. Adail U. Sobral. São Paulo: Revista dos Tribunais, 1988.

MASSONI, Túlio de Oliveira. *Representatividade sindical*. São Paulo: LTr, 2007.

MAZZONI, Giuliano. *Relações coletivas de trabalho*. Trad. Antonio Lamarca. São Paulo: Revista dos Tribunais, 1972.

MEIRELES, Edilton. Funções do sindicato das entidades sindicais. *Revista LTr*, São Paulo, v. 65, n. 3, 2001.

MIRANDA, Jorge. *Formas e sistemas de governo*. Rio de Janeiro: Forense, 2007.

MORAES FILHO, Evaristo de Moraes. *O problema do sindicato único no Brasil:* seus fundamentos sociológicos. 2. ed. São Paulo: Alfa-Omega, 1978.

MOREIRA, Vital; CANOTILHO, J. J. Gomes. *Constituição da República Portuguesa anotada*. v. 1. São Paulo: Revista dos Tribunais; Coimbra: Coimbra Editora, 2007.

MOREIRA NETO, Diogo de Figueiredo. *Direito da participação política, legislativa, administrativa, judicial:* fundamentos e técnicas constitucionais da democracia. Rio de Janeiro: Renovar, 1992.

MORENO VIDA, Maria Nieves. *Los pactos sociales en el derecho del trabajo*. Granada: Servicio de Publicaciones de La Universidad de Granada, 1989.

NASCIMENTO, Amauri Mascaro. *Direito sindical*. 2. ed. São Paulo: Saraiva, 1991.

_____. *Compêndio de Direito Sindical*. 9. ed. São Paulo: LTr, 2009.

_____. Aspectos da legalização das centrais em 2008. *Revista LTr*, São Paulo, v. 72, n. 4, 2008.

NUNES, Edson de Oliveira; BARROSO, Helena Maria; FERNANDES, Ivanildo Ramos. *Do CNE ao CNE:* 80 anos de política regulatória. Disponível em: <http://www.observatoriouniversitario.org.br/documentos_de_trabalho/documentos_de_trabalho_99.pdf>.

O'DONNEL, Guillermo; SCHMITTER, Philippe C. *Transições do regime autoritário*. Trad. Adail U. Sobral. São Paulo: Revista dos Tribunais, 1988.

OJEDA AVILÉS, Antonio. *Derecho sindical*. 8. ed. Madrid: Tecnos, 2003.

PLÁ RODRIGUEZ, Américo. Democracia Y sindicatos. *In:* MALLET, Estevão; ROBORTELLA, Luiz Carlos Amorim (Coords.). *Direito e processo do trabalho:* estudos em homenagem a Octavio Bueno Magano. São Paulo: LTr, 1996.

PERARNAU, Lluís. *Los pactos de la Moncloa*. Disponível em: <http//:www.elmilitante.org/elmilt142/pact_142.htm> Acesso em: 5 nov. 2007.

RODRIGUES, Leôncio Martins. Classe operária e sindicalismo no Brasil. *In: Sindicalismo e sociedade*. São Paulo: Difusão Europeia do Livro, 1968.

RODRIGUES, Wanda. *Welfare State:* construção e crise. Disponível em: <http://www.casadehistoria.com.br/cont_notas_05.htm> Acesso em: 30 maio 2008.

SANTOS, Mario R. dos. Pactos em la crisis: uma reflexión regional sobre la construcción de la democracia. *In:* SANTOS, Mário R. dos (Org.). *Concertación político-social y democratización*. Buenos Aires: Consejo Latinoamericano de Ciencias Sociales — CLACSO, 1987.

SCHIER, Adriana da Costa Ricardo. *A participação popular na administração pública:* o direito de reclamação. Rio de Janeiro: Renovar, 2002.

SCHMITTER, Philippe C.; O'DONNEL, Guillermo. *Transições do regime autoritário*. Trad. Adail U. Sobral. São Paulo: Revista dos Tribunais, 1988.

SILVA, De Plácido. *Vocabulário Jurídico*. v. 3-4. 4. ed. Rio de Janeiro: Forense, 1996.

SILVA, José Afonso da. *Comentário contextual à Constituição*. São Paulo: Malheiros, 2005.

SIQUEIRA NETO, José Francisco. *Liberdade sindical e representação dos trabalhadores nos locais de trabalho*. São Paulo: LTr, 1999.

_____. *Direito do trabalho & democracia:* apontamentos e pareceres. São Paulo: LTr, 1996.

_____. Liberdade Sindical no Brasil: desafios e possibilidades. *Revista do Tribunal Superior do Trabalho*, São Paulo, Lex Magister, ano 78, n. 2, abr./jun. 2012.

SÜSSEKIND, Arnaldo. *Direito constitucional do trabalho*. Rio de Janeiro: Renovar, 1999.

TAPIA, Jorge Ruben Biton. Desenvolvimento local, concertação social e governança: a experiência dos pactos territoriais na Itália. *In: São Paulo em Perspectiva*, v. 19, n. 1, jan./mar. 2005. Disponível em: <www.scielo.br/scielo.php?script=sci_arttex&pid=S0102--8839200500100012&lng=pt&nrm=iso> Acesso em 7 nov. 2008.

TELLES JÚNIOR, Goffredo. *O povo e o poder:* todo poder emana do povo e em seu nome será exercido. 2. ed. rev. São Paulo: Editora Juarez de Oliveira, 2006.

TOURAINE, Alain. *O que é democracia?* Tradução Guilherme João de Freitas Teixeira. 2. ed. Petrópolis: Vozes, 1996.

VENEZIANI, Bruno. *Stato e autonomia colletiva:* diritto sindacale italiano e comparato. Bari: Cacucci , 1992.

VIANNA, Luiz Werneck. *Liberalismo e sindicato no Brasil.* 4. ed. Belo Horizonte: Editora UFMG, 1999.

VON POTOBSKY, Geraldo. Las organizaciones sindicales. *In:* CÓRDOVA, Efrén (Org.). *Las relaciones colectivas de trabajo em America Latina.* Ginebra: Oficina Internacional del Trabajo, 1981.